LE BEAU DANGER

Le Beau danger: Un entretien de Michel Foucault avec Claude Bonnefoy
by Michel Foucault

상당한 위험 글쓰기에 대하여

미셸 푸코 ◆ 허경 옮김

그린비

차례

| 일러두기 |

1 이 책은 Michel Foucault, *Le Beau Danger: Entretien avec Claude Bonnefoy*, ed. Philippe Artière, coll. Audiographie, Paris: Éditions de l'EHESS, 2011를 완역한 것이다.

2 주석은 모두 각주이며, 원주 표기가 없는 주는 모두 옮긴이의 것이다. 주석이 많지 않은 「상당한 위험: 미셸 푸코와 클로드 본푸아의 대담, 1968」은 *, ** 으로, 나머지 글은 모두 1, 2, 3 …으로 표기했다.

3 본문과 원주에서 [ ]의 내용은 독자의 이해를 위해 옮긴이가 추가한 것이다.

4 단행본·정기간행물의 제목에는 겹낫표(『 』)를, 논문·단편·법 등의 제목에는 낫표(「 」)를 사용했다.

5 외국어 고유명사는 2002년에 국립국어원에서 펴낸 외래어표기법을 따라 표기했다.

프랑스어판 편집자의 글

다음 글은 [푸코와 본푸아의] 대담을 전사傳寫한 텍스트의 첫 부분이다. 이 대담은 1968년 가을 벨퐁출판사Éditions Belfond에서 간행을 목적으로 진행된 것이었지만, 이후 실제로 출간되지는 않았다. 현재의 텍스트가 확정된 구체적 조건은 알려지지 않았으나, 클로드 본푸아가 대담을 정리했을 확률이 높다. 타이프로 친 텍스트의 오타 및 부정확한 부분 등은 이 책에서 바로잡았다.

텍스트를 사용할 수 있게 해준 다니엘 드페르Daniel Defert, 본푸아 부인, 푸코 가족에게 감사를 드린다.

필립 아르티에르

상당한 위험: 글쓰기에 대하여

상당한 위험

: 미셸 푸코와 클로드 본푸아의 대담, 1968

본푸아 나는 이 대담에서 미셸 푸코 당신이 이미 당신의 책에서 완벽히 표현했던 것을 다시 이야기하거나, 이 책들에 대해 다시 한번 더 주석을 다는 일을 원하지는 않습니다. 나는 이 대담이, 전체적으로는 아니더라도 적어도 상당 부분, 우리로 하여금 당신 책들의 뒷면 또는 숨겨진 궤적을 볼 수 있게 해줄 그 책들의 가장자리로 스스로 자리매김하기를 바라 봅니다. 우선 내가 흥미로운 것은 당신이 글쓰기écriture와 맺고 있는 관계입니다. 자, 보세요, 벌써 우리는 역설에 빠졌습니다. 우리는 내가 당신에게 물은 글쓰기에 대해 말해야 합니다. 이제 나는 그 전에 당신에게 예비적인 질문 하나를 드려야 할 것 같습니다. 당신은, 당신의 호의로 가능해진 이 대담을 어떻게 바라보고 있나요? 또는 차라리, 우리의 이야기라는 놀이를 시작하기 전에, 대담entretien이라는 장르 자체를 어떻게 생각하고 있나요?

푸코 나는 나의 이야기를 이런 말로 시작하고 싶네요. 나는 두려움을 갖고 있습니다. 근본적으로, 나는 내가 왜 불안을 느끼는지, 왜 잘 해내지 못할까 봐 걱정을 하는지 잘 모르겠습니다. 돌이켜 생각해 보면, 나는 이것이 다음과 같은 이유들 때문이 아닐까 스스로에게 물어봅니다. 이건 아마 내가 대학에 몸담고 있기 때문에, 말의, 말하자면 규정된, 일련의 형식들을 사용하기 때문이 아닐까? 내가 쓰는 글 중에는 물론 논문, 책 또는 여하튼 담론적이고 설명적인 텍스트들을 만들어 내려는 것들이 있습니다. 그리고 다른 한편에는 교육적 목적을 위한 규정적인 말들도 있습니다. 이런 말들은 청중에게 말을 하고, 그들에게 무엇인가를 가르쳐 주려는 말들입니다. 그리고 마지막으로 자신의 작업과 연구를 설명하기 위한 목적으로 대중 또는 동료들을 향해 콘퍼런스나 발제에서 발화되는 규정적인 말들이 있습니다.

　대담이라는 장르에 대해서는, 그러니까, 사실은 내가 그것이 무엇인지 모른다는 사실을 고백하고 싶네요. 나는 말의 세계에서 나보다 더 편안하게 살아가는 사람들, 말의 우주를 장애물도 한계도 경계도 없으며, 미리 확립된 제도도 없는 자유로운 우주라고 느끼는 사람들, 이런 사람들은 대담에 대해 전적인 편안함을 느낄 것이고, 대담이 무엇이며 나는 무엇을 말해야 하는가라는 문제를 그리 제기하지도 않을 것이라고 생각합니다. 나는 이런 상상을 해보곤 합니다. 이런 사람들은 언어 작용langage이 그들을 저절로 이끌 것이고, 마이크의 존재, 질문하는 사람의 존재, 그들이 지금 발화하고 있는 말 자체에 의해 앞으로 이루어질 책의 존재가 그들을 그리 부담스럽게 하지 않을 것이라고, 그들 앞에 열려 있는 말로 된 이 공간 속에서 그들은 전적으로 자유롭다고 느낄 것이라고 말입니다. 나는 전혀 그렇지 못하거든요! 그리고 나는 내가 어떤 종류의 말들을 할 수 있을까 스스로 묻곤 합니다.

본푸아 그건 우리가 같이 찾아 가야 하는 것이지요.

푸코 당신은 이 대담의 관건은 내가 다른 곳에서 이미 말한 것들을 다시 이야기하는 것이 아니라고 하셨지요. 사실, 나는 내가 그런 일은 잘 해내지 못할 거라는 생각이 듭니다. 그렇다고는 해도, 당신이 물어보신 것이 어떤 개인적인 비밀은 아닙니다. 그건 내 삶도 내가 겪은 고통스러운 일도 아니니까요. 그러니까, 우리 둘은 이제 함께, 전적으로 개인적인 비밀, 설명 또는 작품의 질서에 속하는 것은 아닌 어떤 소통, 교환, 말, 언어작용의 층위에 이르러야만 할 것입니다. 자, 그럼 노력해 보도록 하지요. 당신은 글쓰기에 대한 나의 관계를 물으셨습니다.

본푸아 우리가 『광기의 역사』*L'histoire de la folie*, 1961 나 『말과 사물』*Les mots et les choses*, 1966 을 읽으며 받는 충격은, 말하자면 이 책이 지극히 정확하면서도 통찰력 있는 분석적 사유로 이루어져 있으며, 무엇보다도 이 사유의 울림이 단지 철학자의 것만이 아닌, 글 쓰는 이의 글쓰기를 드러내 보여 준다는 사실에서 옵니다. 당신의 작업을 논의하고 있는 다른 이들의 글에서 우리는 물론 당신의 분석, 개념, 관념 들을 잘 알아볼 수 있습니다. 그러나 이런 글에는 당신의 작업에 더 큰 차원을 부여해 주면서 단순히 담론적 글쓰기가 아닌 문학적 글쓰기로 이끌어 주는 이 가벼운 떨림이 결여되어 있습니다. 당신을 읽다 보면, 우리는 당신의 사유가 엄격하면서도 규칙화된 어떤 형식화와 분리 불가능한 것이며, 만약 문장이 제 리듬을 찾아내지 못하거나 이러한 리듬에 의해 지지되며 펼쳐지지 못한다면, 당신의 사유는 보다 덜 정치한 것이 되고 말리라는 인상을 받게 됩니다. 나는 그래서 당신에게 글을 쓴다는 사실이 무엇을 의미하는지 알고 싶어집니다.

푸코 나는 당신에게 먼저 이런 점을 분명히 하고 싶네요. 개인적으로, 나는 글쓰기의 성스러운 측면에 그리 특별히 끌리지는 않습니다. 물론 나는 철학 또는 문학에 헌신하는 많은 사람들 사이에서 지금 이런 측면이 크게 강조되고 있다는 것을 잘 알고 있지만요. '서양'l'Occident은, 의심의 여지 없이, 말라르메 Stéphan Mallarmé 이래, 글쓰기가 어떤 성스러운 측면을 가지고 있으며, 글쓰기가 [외부의 목적을 갖는] 어떤 타동적인transitive 것이 아니라 그 자체로 하나의 행위라는 것을 잘 알고 있습니다. 글쓰기는 결코 무엇인가를 보여 주거나 가르치거나 말하기 위한 것이 아니며, 그 자체로부터 확립되는 것, 거기에 있기[현존하기]être là 위한 것입니다. 이 글쓰기는 지금, 말하자면, 언어작용의 존재être du langage를 위한 기념비 자체가 되었습니다. [그런데] 개인적 체험이라는 차원에서 말씀드리자면, 내게 글쓰기는 전혀 그렇지 않았습니다. 내게 글쓰기는 전혀 현존하는 그런 것이 아니었다고 고백해야만 하겠네요. 나는 늘 글쓰기에 대해 거의 도덕적인 불신을 가지고 있었습니다.

본푸아 그 부분을 좀 설명해 주실 수 있나요? 당신이 어떻게 글쓰기에 접근하는지 말입니다. 지금 나의 관심은 '작가' 미셸 푸코라는 점을 기억해 주시면서요.

푸코 내가 하는 대답이 당신을 조금 놀라게 할 위험을 감수해 보겠습니다. 나는 내가 다른 이들에게 하는 것과는 상당히 다른 훈련을 나 자신에게 하곤 하는데, 지금 당신과 나 자신에게 이런 훈련을 해보는 것이 상당히 즐겁네요. 나는 내가 어떤 작가에 대해 말을 하게 될 때면 작가가 태어나고 형성되었을 수도 있는 인식의 장, 사회·문화적 맥락 그리고 작가의 전기적 요소 등은 고려하지 않으려고 늘 노력해 왔습니다. 나는 작가를 하나의 순수한 말하는 주체pur sujet parlant로서 기능하도록 만들기 위해, 아마도 우리가 일상적인 것이라 부를 만한 어떤 것의 추상화 작업으로서 작가의 심리학을 수행하고자 늘 노력해 왔습니다.

자, 나는, 정말, 당신의 질문이 내게 만들어 준 이런 기회를 충분히 활용하여 나 자신에게는 정확히 그 반대되는 것을 행해 보고 싶습니다. 이제 정반대로 나의 태도를 취해 보겠습니다. 이제, 나는, 나 자신에 대해, 방금 내가 타인들에게 수행했던 담론과는 정반대의 방향으로 돌아가 보려 합니다. 나는 당신에게 내 삶의 맥락 안에서 글쓰기가 무엇이었는가를 말씀드리고자 노력해 보겠습니다. 내게 늘 남아 있는 기억 중 하나는—물론 이 기억은 가장 오래된 것은 아니라 하더라도, 가장 끈질긴 것이기는 합니다—내가 느끼곤 했던 어려움, 잘 쓴다는 것에 대해 느꼈던 어려움입니다. 이때 '잘 쓴다'bien écrire는 말은 물론 초등학교에서 쓰는 바로 그런 뜻, 그러니까 잘 알아볼 수 있도록 글쓰기 공책에 글씨를 잘 쓴다는 그런 뜻입니다. 나는 내가 우리 반, 우리 학교에서 가장 글씨를 알아볼 수 없게 쓰는 학생이었다고 믿습니다, 아니 확신이 듭니다. 이런 일은 내가 중등학교를 입학한 초기의 몇 년까지* 오래 지속되었습니다. 중등학교의 첫해에 선생님은 특별히 내게 글쓰기 연습을 해오라고 하셨습니다. 내게는 펜을 제대로 잡고, 글씨를 제대로 쓰는 일이 그 정도로 힘들었습니다.

이렇게 해서, 나는 글쓰기라는 일은 상당히 복잡하고 부담스러운 일이라고 느끼게 되었습니다. 그런데, 훨씬 나중이기는 하지만, 또 다른 기억이 있습니다. 그것은 근본적으로 내가 글쓰기, 글을 쓴다는 행위를 정말 진지하게 생각한 적이 한 번도 없다는 사실입니다. 글을 쓰고 싶다는 욕구는 내가 서른 살은 되어서야 생겨났습니다. 분명, 나는 사람들이 문학적littéraire이라 부르는 공부를 했습니다. 하지만, 텍스트를 해설하고 논문을 작성하며 시험을 치는 습관 등으로 이루어진 이런 문학 공부는, 당신의 생각과는 반대로, 내게 글쓰기에 대한 취향을 어떤 의미로도 전혀 제공해 주지 못했습니다. 전혀요!

글쓰기가 즐거울 수도 있다는 가능성을 발견하게 된 것은 내가 외국으로 나간 이후의 일입니다. 당시 나는 스웨덴에 있

---

* 프랑스의 중등학교는 보통 7년제로, 대략 우리의 중학교에 해당되는 4년 과정의 콜레주(collège)와 고등학교에 해당되는 3년 과정의 리세(lycée)로 이루어져 있다. 따라서 여기서 중등교육 과정이란 우리의 중·고등학교가 통합된 과정이라고 생각하면 된다.

었는데,* 나는 내가 거의 알지 못하던 스웨덴어, 또는 내게는 말하기가 쉽지 않았던 영어로 말을 할 수밖에 없었습니다. 이런 언어들에 얽힌 나의 나쁜 기억이 하도 강해서, 이 언어들로 내가 정말 말하고 싶은 것을 말할 수 있게 되는 데에는 몇 주, 몇 달, 심지어는 거의 몇 년이 걸렸습니다. 이런 말들을 발음할 때, 나는 내가 하고 싶었던 말들이 마치 웃음거리가 된 인형처럼 내 앞에서 단순화되고 왜곡되는 것을 바라보았습니다.

내가 나 자신의 언어작용을 정확히 통제할 수 없다는 이 불가능성을 통해, 나는 다음과 같은 것들을 깨닫게 되었습니다. 우선, 언어작용이 [자신만의] 일정한 두께와 정합성整合性을 가지고 있다는 것, 언어작용은 마치 우리가 숨 쉬는 공기와 같은 것이 아니며, 우리가 결코 지각할 수 없는 하나의 절대적 투명성이라는 것, 그리하여 언어작용은 자신만의 고유한 법칙들을 가지고 있다는 것, 언어작용이 자신의 통로, 지름길, 경로, 경사면, 구석, 요철을 가지고 있다는 것, 간단히 말해, 언어작용이 특정한 표정을 가지고 있다는 것, 우리가 단어를 우회하

• 푸코는 고등사범학교를 졸업한 이후, 1955년 8월부터 1958년 10월까지 스웨덴 웁살라의 프랑스대사관에서 문화참사관으로 근무했다. 1958년 10월 이후에는 폴란드 바르샤바 프랑스문화원의 문화참사관으로, 1959년 10월부터 1960년 10월까지 당시 서독 함부르크의 프랑스문화원 원장으로 근무했다.

고 문장의 주변을 걸어 다니며, 갑자기, 이전에는 드러나지 않던 관점을 발견할 수 있는, 특정의 풍경을 형성한다는 것을 말입니다. 내게는 낯선 언어였던 스웨덴어를 말해야 했던 이 시절에, 나는 내가, 생각지 못했던 특별한 풍경을 보여 주는 나의 언어작용, 마치 내가 사는 가장 비밀스러운 동시에 가장 확실한 장소, 우리가 스스로를 발견하게 되는 낯선 나라를 구성하는 장소 없는 장소로서의 언어작용 안에서, 살 수 있음을 이해하게 되었습니다. 결국 우리가 머물 수 있고, 우리 몸을 숨길 수 있는 유일한 집, 우리가 걸을 수 있는 유일한 땅, 유일한 진짜 조국은 분명 이 언어작용, 우리가 어린 시절부터 배웠던 이 언어작용입니다. 따라서 내게 관건은 이 언어작용을 다시 되살리는 것, 내가 주인이 되는 동시에 그 은밀한 부분을 알게 될, 언어로 된 일종의 작은 집을 세우는 것이었습니다. 나는 바로 이것이 나로 하여금 글을 쓰고 싶게 만든 이유라고 믿습니다. 말을 할 수 있는 가능성이 내게는 거부되어 있었기 때문에 나는 글쓰기의 즐거움을 발견하게 되었습니다. 말하기의 즐거움과 말하기의 가능성 사이에는, 어떤 양립 불가능성의 관계가 존재합니다. 말하기가 더 이상 가능하지 않은 곳에서, 우리는 글쓰기라는 비밀스럽고 어려우며 조금은 위험한 매력을 발견하게 됩니다.

본푸아 방금 당신은 글쓰기가 당신에게는 오랫동안 진지한 활동이 아니었다고 말했는데요, 왜 그랬을까요?

푸코 그렇습니다. 이런 체험을 하기 전까지, 내게 글쓰기는 진정으로 진지한 것이 아니었습니다. 오히려 글쓰기는 내게 전적으로 가벼운 것이었습니다. 글을 쓴다는 것은 잘난 체하는 일이었습니다. 이제 나는 글쓰기에 대한 이러한 경시 속에서 표현되었던 것이 내 유년 시절의 가치체계는 아닌지 스스로 묻곤 합니다. 나는 의사 집안, 그러니까―반쯤은 잠들어 있는 작은 마을에 비하면 물론 상대적으로 적응된, 또는 사람들이 말하듯, 진보적인―의사 집안 중 하나에 속해 있습니다. 물론 의사 집안이란 일반적으로, 특히 지방의 경우에는 더욱더, 깊이 보수적인 것으로 머물러 있다는 점은 변함이 없지만요. 이러한 환경은 여전히 19세기에 속하고 있습니다.[•] 프랑스의 지방에 존재하는 의학적 환경에 대한 사회학적 연구는 아마도 매우 흥미로운 주제가 될 것입니다. 이 경우, 우리는 의학, 보다 정확히는 의학에 관련된 인물[의사]들이 부르주아 계급에 속하

• 푸코의 할아버지와 아버지, 외할아버지는 모두 프랑스 중서부의 소도시 푸아티에(Poitiers)에 기반을 둔 외과의사·해부학자로, 오늘날 푸아티에의 인구는 약 9만 명가량이다.

게 된 것이 19세기라는 사실을 알게 될 것입니다. 19세기에 부르주아 계급은 의료 과학, 신체와 건강에 대한 관심 안에서, 일종의 일상적 합리주의를 찾아냈습니다. 이런 의미에서, 우리는 의학적 합리주의가 종교적 윤리를 대체했다고 말할 수 있습니다. 다음과 같은 매우 심오한 문장을 말했던 것은 19세기의 한 의사입니다. "19세기에, 건강이 구원을 대체했다"la santé a remplacé le salut.•

나는 이렇게 생각합니다. 이런 의학적 인물은 19세기에 형성되어 약간은 신성시되어, 사제의 역할을 계승하게 되었고, 18세기와 19세기 프랑스 프티부르주아, 농촌, 지방에 존재하던 모든 옛 신앙과 맹신을 자신의 주위로 끌어모아 이것들을 합리화하는 역할을 수행했으며, 나아가 이 시점 이후 충분히 고정화된 불변의 존재, 자신의 역할을 닮은 그런 존재가 되었다

• 이 문장은 19세기 스페인의 의사 구아르디아(José Miguel Guardia, 1830~1897)의 것으로, 푸코의 1963년 저작 『임상의학의 탄생』(*La Naissance de la Clinique*, Paris: PUF, 1963/1972, p.201; 『임상의학의 탄생』, 홍성민 옮김, 이매진, 2006, 314쪽)에도 인용되어 있다. 푸코가 이 문장을 따온 것은 자신의 스승인 캉길렘(Georges Canguilhem, 1904~1995)의 1943년 박사학위 논문 「정상적인 것과 병리적인 것에 관한 몇 가지 문제들에 관한 시론」(Essai sur quelques problèmes concernant le normal et le pathologique)의 수고로 생각된다. 캉길렘의 논문은 주석이 첨가되어 1966년 『정상적인 것과 병리적인 것』(*Le normal et le pathologique*)이라는 제명 아래 저작의 형태로 발간되었다(『정상적인 것과 병리적인 것』, 여인석 옮김, 그린비, 2018). 다음의 주소에서 푸코의 인용에 관한 상세한 설명을 볼 수 있다. https://aphelis.net/sante-salut-michel-foucault/

고 말입니다. 나는 합리성이 거의 마술에 가까운 권위로 옷을 갈아입는 과정, 그 가치가 글쓰기의 가치와는 대립되는 그런 환경을 직접 겪었습니다.

사실, 의사, ─특히 외과의사, 그리고 나는 외과의사의 아들인데요* ─의사는 말하는 사람이 아닙니다. 의사는 경청하는 사람입니다. 의사는 타인의 말을 경청합니다. 의사가 타인의 말을 경청하는 이유는 타인의 말을 진지하게 생각해서도 아니고, 그 말이 무엇을 의미하는가를 이해하기 위해서도 아닙니다. 의사는 말들을 가로질러, 심각한 질병, 다시 말해 어떤 신체적 질병, 유기체적 질병의 증후signes를 포착하기 위해 경청합니다. 의사는 경청하지만, 이는 타인의 말을 가로지르기 위해서, 그리고 그 육체의 말 없는 진실에 이르기 위해서입니다. 의사는 말하지 않습니다. 의사는 행동합니다, 달리 말해 의사는 촉진觸診을 행하고, 수술을 행합니다. 의사는 활동을 멈춘 신체의 손상을 발견하고, 신체를 열고 다시 꿰맵니다, 의사는 수술을 행합니다. 이 모든 것이 침묵 속에서, 말의 완벽한 퇴각

---

* 푸코는 외과의사인 아버지의 (아들, 딸, 아들로 이루어진) 3남매 중 장남이다. 강압적인 아버지가 첫째인 푸코에게 가문을 이어 외과의사가 될 것을 강권했으며, 이로 인해 푸코가 청년기에 몹시 고통받은 것은 잘 알려진 사실이다. 아버지의 병원을 물려받은 것은 푸코의 남동생, 곧 막내아들이다.

속에서 이루어집니다. 의사가 발화하는 유일한 말은 진단과 치료를 위한 짧은 말들뿐입니다. 의사는 진실을 한마디로 말하기 위해서만, 처방을 내리기 위해서만 말합니다. 의사는 명명하고 처방[명령]ordonne 합니다. 그리고 그것이 다입니다. 이런 의미에서, 의사의 말이란 극히 드문 것입니다. 오랫동안 나를 짓눌렀고, 10년 전 또는 12년 전까지도 여전히 말을 늘 바람에 흩날리는 [하찮은] 것이라 생각하게 만들었던 것은 옛 임상의학 실천에서 보이는 말에 대한 이러한 깊고도 기능적인 평가절하임에 틀림없습니다.

본푸아 당신이 글을 쓰기 시작한 것은 언제인가요? 그러니까, 글쓰기를 평가절하했던 이전 개념에 대한 전복이 일어났던 것이로군요.

푸코 전복은 물론 훨씬 전에 일어났습니다. 그러나 이렇게 되면 멈추어 굳이 이야기하기엔 지나치게 진부하고 사소한 나 자신의 옛이야기에 빠지고 말 것 같습니다. 내가 말에 대한 그렇게도 깊은 평가절하에 어떤 새로운 가치와 새로운 존재 양식을 부여하게 된 것은 오랜 시간에 걸친 작업에 의해 일어났다는 정도로만 이야기해 두지요. 지금, 나를 사로잡고 있고 지난 10년 이래 늘 나를 사로잡고 있는 문제는 다음과 같은 것입니다. 우리의 것과 같은 문화, 사회에서,* 말의 존재, 글쓰기의 존재, 담론의 존재란 무엇인가? 나는 우리가, 결국, 담론이 존재한다les discours, ça existe는 사실에 그렇게 큰 중요성을 결코 부여했던 적이 없는 것처럼 보였습니다. 담론은 단순히 우리가 그것을 통해 사물을 보는 일종의 투명한 필름도, 단순히 있는 그대로 또는 우리가 생각하는 대로를 비추어 주는 거울도 아닙니다. 담론은 자신만의 고유한 정합성, 두께, 밀도, 기능을 가지고 있습니다. 담론의 법칙들은 마치 경제학 법칙들처럼 존재합니다. 하나의 담론은 하나의 기념비, 기법, 또는 사회적 관계의 체계처럼 존재합니다.

내가 묻고자 하는 것은 담론의 고유한 이 밀도입니다. 이는 물론 내가 어릴 때 가졌던 생각, 곧 말에 대한 절대적인 평가절하에 관련된 전적인 전환을 가져왔습니다. 내게는—나는 무엇인가를 발견했다고 믿는 모든 사람들의 환상이 바로 이것이라고 믿는데—나의 동시대인들이 내가 어릴 때 가졌던 것과 똑같은 신기루의 희생자들인 것처럼 보입니다. 이들 역시,

---

* 푸코는 자신이 속한 유럽 사회, 프랑스 사회와의 거리두기를 위해 일관적으로 거의 반드시 이런 표현을 사용한다. 『광기의 역사』에서 『성의 역사』(Histoire de la sexualiteé)에 이르는 푸코의 모든 작업은 유럽 사회에 대한 유럽인 자신에 의한 (광의의) '문화인류학적' 분석이라고 해도 틀리지 않다.

예전에 내가 믿었듯이, 나의 가족이 믿었듯이, 담론, 언어작용이 근본적으로는 별것 아니라고 너무나도 쉽게 믿어 버립니다. 언어학자들은 ― 나는 물론 이를 잘 알고 있습니다만 ― 언어작용이 매우 중요하다는 것을 발견했는데, 이는 언어작용이 자신의 법칙을 따르지만, 동시에 특히 랑그langue의 구조, 다시 말해 가능한 담론discours의 구조를 강력히 따르기 때문입니다. 그러나 내가 묻는 것이란 다름 아닌 실재하는 담론의 기능과 출현 양식에 대한 것, 실제로 말해진 사물에 대한 것입니다. 관건은 사물로서의 말해진 사물des choses dites en tant que ce sont des choses을 분석하는 일입니다. 자, 이런 것이 내가 어릴 때 생각하던 것과는 반대되는 일입니다.

그럼에도 불구하고, 나의 전환이 어떤 것이었든, 나는, 나의 어린 시절로부터 나의 글쓰기에 이르기까지, 우리가 다시 발견할 수 있어야만 하는 일정 수의 계통 관계filiations를 보존해야 했습니다. 예를 들면, 나를 정말 놀라게 하는 것은 독자들이 나의 글쓰기 안에 어떤 공격성이 존재한다고 즐겨 상상한다는 것입니다. 개인적으로, 나는 이를 전혀 인정하지 않습니다. 나는 정말 특별히 누군가를 공격한 적이 없다고 믿습니다. 내게 글쓰기는 특히나 부드럽고 조용한 어떤 행위입니다. 내가 글을 쓸 때 나는 마치 내가 벨벳을 쓰다듬고 있는 것 같은 인상을 받습니다. 마치 벨벳 같은 글쓰기라는 관념은 내게 마치, 궁

극적으로는 정서와 지각이라는 친근한 주제와도 같은 것입니다. 이러한 주제는 끊임없이 나의 글쓰기 계획에 출몰하며, 내가 글을 쓸 때 나의 글쓰기를 이끌어 주고, 내가 사용하고 싶은 표현을 매번 고를 수 있도록 해줍니다. 벨벳 같은 부드러움이란 내 글쓰기에 있어서는 일종의 규범적인 인상입니다. 그러니 사람들이 나의 글쓰기에서 건조함과 날카로움을 찾아내는 것을 볼 때 내가 무척 놀라는 것은 당연합니다. 곰곰이 돌이켜 보면, 나는 사람들이 옳을 것이라고 생각합니다. 나는 나의 펜 안에 외과용 메스의 오래된 유산이 남아 있으리라고 상상합니다. 아마도, 결국, 나는 나의 아버지가 수술할 때 타인의 육체 안에서 추적했던 것과 같은 공격적 기호[증후]들을 종이의 빈 공간 위에서 추적하고 있는 것일까요? 나는 외과용 메스를 펜으로 변형시켰습니다. 나는 치료의 효율성에서 자유로운 말하기의 비효율성으로 옮겨 갔습니다. 나는 신체 위의 지울 수 없는 상처를 글쓰기의 완벽히 지울 수 있고 삭제 가능한 기호로 대치했습니다. 아마도 더 나아가야 할 것 같은데요. 내게 한 장의 종이란 아마도 타인의 신체일 겁니다.

확실한 것은, 내가 서른 살 즈음 글쓰기의 즐거움을 발견했을 때 즉시 알게 된 것이란 이 글쓰기의 즐거움이 늘 얼마간은 타인의 죽음과, 죽음 일반과 상호작용하고 있다는 점이었습니다. 글쓰기와 죽음의 이런 관계에 대해 말하기는 몹시 꺼려지는데요, 이는 블랑쇼Maurice Blanchot, 1907~2003 같은 이들이 지금 내가 할 수 있는 것보다 이 주제에 대해 얼마나 더 본질적이고 일반적이며 깊이 있고 결정적인 방식으로 이야기했는가를 잘 알고 있기 때문입니다. 나는 다만 마치 내가 지금 따르고자 하는 양탄자의 뒷면과도 같은 이런 인상의 층위에서 말하고 있습니다. 내게는 이런 양탄자의 다른 면이 내가 타인들에게 보여 주는 앞면만큼이나 논리적이고, 결국 앞면만큼이나 잘 그려진 것, 여하튼 잘못 그려진 것은 아닌 것처럼 보입니다.

당신과 함께, 나는 이 양탄자의 뒷면에 잠깐 머물러 보고 싶습니다. 그리고 내게 글쓰기란 죽음에, 아마도 본질적으로 타인의 죽음에 연결되어 있다고 말하겠습니다. 그러나 이런 말이 글을 쓴다는 것이 타인을 죽이거나, 타인에 반하여, 타인의 실존에 반하여, 타인의 현존을 제거하며, 내 앞에 절대적이고 자유로운 공간을 열어 주는, 어떤 결정적인 살인적 행동을 수행하는 것을 의미하지는 않습니다. 전혀 아니지요. 내게 글쓰기란 물론 타인의 죽음과 연관된 어떤 일, 그러나 본질적으로는 이미 죽어 버린 존재로서 이해되는 타인의 죽음과 연관된 어떤 일입니다. 나는 어떤 의미에서는 타인의 시체에 대해 말하고 있습니다. 나는 내가 어떤 점에서는 타인의 죽음을 요청하고 있다는 것을 고백해야 할 것입니다. 타인에 대해 말하면서, 나는 검시를 행하는 해부학자의 상황 속에 놓여집니다. 나

의 글쓰기를 통해, 나는 그들의 시체를 주파하고 절개하며 외
피와 피부를 들어냄으로써 기관을 발견하고자 시도하며, 이렇
게 기관을 드러냄으로써 결국 이런 손상의 진원, 병의 진원, 곧
그들의 생명, 그들의 사유를 특징지으며, 결국 그들이 무엇이
었는가 전체를 부정적인 방식으로 구성하는 이 무엇인가가 모
습을 드러내도록 만들고자 노력합니다. 사물과 인간의 이러한
유해한 핵심, 자, 근본적으로, 이것이 바로 내가 드러내려고 늘
노력해 온 대상입니다. 물론 나는 왜 사람들이 나의 글쓰기를
공격으로 받아들이는지 이해하고 있습니다. 사람들은 나의 글
쓰기 안에 자신들에게 사형선고를 내리는 무엇인가가 있다고
느낍니다. 사실, 나는 그보다는 훨씬 더 순진한 편입니다. 나는
사람들에게 사형선고를 내리지 않습니다. 나는 다만 사람들이
이미 죽어 있다고 가정할 뿐입니다. 이것이 바로 사람들이 내
게 소리칠 때 그렇게 놀라게 되는 이유입니다. 나는 자신이 해
부를 행하려던 사람이 메스 아래 갑자기 깨어나 버린 해부학
자만큼이나 놀라곤 합니다. 갑자기 눈을 뜨고 입으로는 소리를
지르며 신체가 비틀릴 때, 해부학자는 놀라며 이렇게 이야기합
니다. "이런, 이 사람 그럼 안 죽었네!" 내 생각으로는, 바로 이
것이 나를 읽은 후 나를 반대하며 소리치는 사람들, 나를 비판
하는 사람들을 볼 때 내가 느끼는 일입니다. 나는 사과가 아니
라면, 이런 사람들에게 대답하기가 늘 몹시 어렵습니다. 이 사

람들은 나의 사과를 아마도 비꼬는 말로 받아들이겠지만, 그럼에도 불구하고 나의 사과는 참으로 내가 느끼는 놀라움, 곧 "이런, 이 사람 그럼 안 죽었네"를 나타내는 것입니다.

본푸아 나는 지금 아마도 가령 주네Jean Genet, 1910~1986와 같은 작가와 죽음의 관계에 대해 생각하게 됩니다. 주네가 죽은 자들에 대해 글을 쓸 때, 주네가 죽음의 극장을 연출할 때, 스스로 이 그림자극을 수행하는 이가 될 때, 주네는 단호히 스스로를 우리 세계의 바깥쪽, 맞은 편에 위치시킵니다. 주네가 이렇게 스스로를 바깥쪽, 맞은 편에 위치시키는 이유는 우리 세계를 공격하는 동시에 그것을 넘어서기 위해서입니다. 또한 주네에게는 범죄를 높이 평가하고자 하는 의지, 독자를 희생자의 자리에 놓고자 하는 의지가 있습니다. 주네의 태도는 시적인 동시에 수난受難*의 태도입니다. 하지만, 죽음을 향해 던지는 당신의 시선이 임상적이고 중립적이라는 의미에서 내게는 당신이 죽음과 맺는 관계가 [주네와는] 극단적으로 다른 것처럼 보이는데요.

• '수난'으로 번역한 'passionnelle'은 '정열적' 또는 '치정에 의한'으로도 옮길 수 있다.

푸코 맞습니다. 내게는 나의 글쓰기를 통해 누군가를 죽이겠다는 의도가 없습니다. 나는 오직 타인들의 이미 이루어진 죽음이라는 기반 위에서만 글을 씁니다. 내가 오직 타인들이 이미 죽어 버린 한에서만 글을 쓸 수 있고, 마치, 말하자면, 그들이 살아 있었다면, 그들이 거기에 있었고 웃고 말을 했던 한, 글을 쓸 수 없었던 것처럼 말입니다. 동시에, 내가 그들에게 바칠 수 있는 유일한 헌사는 그들의 삶이 죽음으로 옮겨 간 이행을 설명해 줄 병든 비밀, 그들 삶과 죽음의 진실을 동시에 발견하는 일이 될 것입니다. 삶이 죽음으로 옮겨 갔던 타인들에 대한 이런 관점이야말로 내게는, 글쓰기의 가능성이 생겨나는 장소입니다.

본푸아 그러한 점이 당신 텍스트의 대부분이 과거의 담론 양식들, 그리고 인식 체계를 다루고 있다는 사실을 설명하는 것일까요?

푸코 맞습니다. 나는 우리가 이로부터 출발하여 몇 가지 사실들을 설명할 수 있다고 생각합니다. 우선 먼저, 현재에 대해 말하는 것은 내게 언제나 매우 어려운 일이라는 사실이 있습니다. 물론, 나는 그럼에도 불구하고 매우 가까운 일에 대해 말할 수 있으리라고 생각하지만, 이는 오직 이 매우 가까운 사물들과 내가 글을 쓰는 순간 사이에, 죽음이 확립되는 이 미세한 차이, 이 얇은 막이 있다는 조건 아래에서만 그럴 수 있을 겁니다. 어떤 경우든, 글쓰기에 대한 모든 정당화에서 우리가 그토록 자주 만나곤 하는 주제, 곧 되살리기 위해서 쓴다, 삶의 비밀을 다시 발견하기 위해서 쓴다, 인간의 말인 동시에, 아마도 '신'의 말이기도 할 이 살아 있는 말을 현실적인 것으로 만들기 위해 쓴다는 등의 말은 내게는 근본적으로 낯선 것입니다. 내게 말이란 죽음 이후에 오는 것, 일단 이러한 단절이 확립된 이후에 오는 것입니다. 글쓰기는 내게 사후의 예기치 못한 표류일 뿐, 결코 삶의 근원을 향하는 발걸음이 아닙니다. 아마도 이런 점이 나의 언어작용 형식forme de langage을 근본적으로 반그리스도교적인 것으로, 내가 끊임없이 되돌아가는 주제들 이상의 중요한 어떤 것으로 만드는 것일 겁니다.

이런 의미에서, 내가 과거에 관심이 있다면 바로 이런 부분 때문일 것입니다. 내가 과거에 관심을 갖는 것은 과거를 되살리기 위해서가 전혀 아니라, 과거가 죽었기 때문입니다. 거기에는 어떤 부활의 목적론도 없으며, 오히려 과거가 죽었다는 확증만이 존재할 뿐입니다. 우리가, 어떤 가능한 반복 또는 부활을 지향하는 것이 아닌, 절대적으로 조용하고 완전히 분석적이며 해부학적인 사물들에 대해 말할 수 있게 되는 것은 이 죽음으로부터입니다. 마찬가지 이유로, 과거 속에서 기원의 비밀을 다시금 되찾고자 하는 욕망보다 나에게 낯선 것은 없을 겁니다.

내게는 이로부터 다음과 같은 또 다른 문제가 생겨납니다. 내가 글을 쓸 때, 나는 내가 철학사를 쓰고 있다고 말할 수 있는지 알지 못합니다. 사람들은 내가 쓰고 있던 것을 쓴다는 것은 내게 무엇이었는가, 내가 말하고 있던 곳은 어디인가, 그것은 무엇을 말하고자 했던 것인가, 왜 저것이 아니라 이것인가, 만약 내가 철학자였다면 또는 만약 내가 역사가 또는 사회학자였다면 등등을, 내게 자주 물었습니다. 나는 대답하기 곤란했습니다. 만약 사람들이 내게 당신이 오늘 내게 주고 있는 것 같은 대답의 자유를 주었다면, 나는 아마도 그저 이렇게 무뚝뚝하게 대답했으리라고 생각합니다. 나는 둘 다 아닙니다. 나는 의사입니다. 말하자면, 나는 진단을 내리는 사람diagnosticien입니다. 나는 진단을 내리고 싶습니다. 그리고 나의 작업은, 글쓰기라는 절개切開 자체를 통해, 죽어 버린 것의 진실일 무엇인가를 드러내는 일로 이루어져 있습니다. 이런 면에서, 내 글쓰기는 죽음으로부터 삶으로 또는 삶으로부터 죽음으로의 옮겨 가는 축이 아닌, 죽음으로부터 진실로 또는 진실로부터 죽음으로 옮겨 가는 축 속에 존재합니다. 나는 죽음의 대체물은 삶이 아니라, 오히려 진실이라고 생각합니다. 죽음의 무기력과 공백을 가로질러 우리가 되찾아야 하는 것은 삶의 잃어버린 기미가 아니라, 진실의 세심한 펼쳐짐입니다. 내가 진단을 내리는 사람이라는 것은 바로 이런 의미입니다. 그러나 진단이란 역사학자, 철학자, 정치하는 사람의 작품일까요? 잘 모르겠습니다. 어떤 경우든, 진단의 관건은 내게는 매우 심오한 언어[작용] 행위 activité de langage에 관련됩니다. 근본적으로, 나는 머릿속에 무엇인가 있기 때문에 쓰지 않습니다. 나는 내가—내 앞에서, 나자신을 위해—이미 논증하고 분석한 것을 다시 논증하기 위해 글을 쓰지 않습니다. 글쓰기란 본질적으로, 그것을 통해 그리고 그 결과로서, 내가 이전에는 보지 못했던 무엇인가를 찾을 수 있게 해줄 어떤 작업을 감행함으로써 실현됩니다. 내가하나의 연구, 한 권의 책, 또는 또 다른 무엇이든, 어떤 것을 쓰기 시작할 때, 나는 그 글이 어디로 갈지, 어떤 곳에 다다르게 될지, 내가 무엇을 증명하게 될지, 정말 알지 못합니다. 나는, 내가 글을 쓰는 바로 그 움직임 자체 안에서만, 내가 증명해야 할 것을 발견하게 됩니다. 마치 글쓰기가 내가 글을 쓰기 시작하던 그 순간에 내가 말하고 싶었던 것을 정확히 진단하는 행위이기나 했던 것처럼 말입니다. 나는 여기서 내가 나의 유산에 전적으로 충실하다고 생각하게 되는데, 이는 내가, 나의 아버지나 할아버지가 그랬던 것처럼, 진단을 수행하고 싶어 하기 때문입니다. 다만, 내가 그들과 다른 점은—이는 내가 그들로부터 떨어져 나오고, 나아가 그들에 반反하게 되는 지점입니다—글쓰기를 통해 내가 수행하고 싶은 진단이 의사들이 보통은 침묵으로 환원시켜 버리고 마는 담론적 요소들을 통해 이루어진다는 점입니다.

나는 여기서 나를 압도하는 또 다른 관계를 하나 더 이야 기하는 것에 대해 용서를 구하고 싶습니다. 나는 내가 니체에 대해 늘 표현해 왔던 관심, 그러니까 내가 니체를 결코 우리가 말하는 하나의 대상으로만 바라볼 수가 없었다는 사실, 내가 늘 나의 글쓰기를 니체라는 이 약간은 반시대적이고, 중요하며, 아버지와도 같은 인물과의 관계 아래 두고자 노력해 왔다는 사실은 정확히 다음과 같은 점에 연관되어 있습니다. 니체에게, 철학은 무엇보다도 진단이었습니다. 니체에게, 철학은 병든 자로서의 인간과 관계된 일이었습니다. 간단히 말해서, 니체에게 철학은 문화의 질병에 대한 진단인 동시에 격렬한 치료였습니다.

본푸아 여기서 나는 우리가 당신의 작업을 따라갈 수 있게 해주는, 서로 연결된 두 가지 질문이 떠오릅니다. 당신은 당신에게는 글쓰기에 다름 아닌 이 진단이라는 도구를 더 잘 활용하기위해 『광기의 역사』, 『임상의학의 탄생』과 같이 의학을 주제로삼거나, 또는 의학이 그 일부로 되어 있는 책들을 우선적으로쓰게 된 것이 아닐까요?* 의학적 세계와의 관련에 의해 평가받

게 되는, 이런 주제의 선택은 다소간은 작가라는 당신의 죄의
식을 최소화하기 위한 하나의 의식적 시도가 아니었을까요?

푸코 내가 지금 현재 스스로를 위치시키는 관점, 그리고 거의
이야기처럼 들리는 이런 맥락 안에서라면, 나는 광기에 대해
내가 말할 수 있는 것과 의학에 대해 내가 말할 수 있는 것 사
이에 커다란 차이점을 말해 두어야 할 것 같습니다.

내가 만약 나의 유년 시절 이야기, 내 글쓰기의 밑바닥에
존재하는 무엇인가로 되돌아갔다면, 내가 살았던 의학적 환경
에 대한 생생한 기억을 갖고 있기 때문일 겁니다. 이 기억 속
에서는, 광기만이 아니라 정신의학 역시 매우 특별한 지위, 좀
더 솔직히 말하자면, 매우 경멸적 지위를 가지고 있었습니다.
왜 그랬을까요? 왜냐하면 진정한 의사, 신체를 보살피는 의사,
그리고 물론 신체를 열어 보는 외과의사에게는 말할 것도 없
이, 광기가 나쁜 질병이라는 것이 명백하기 때문입니다. 크게
보아, 광기는 기관상의 토대를 갖지 않는 질병, 여하튼 좋은 의

• 이 두 권은 『정신병과 인격』(*Maladie mentale et personnalité*)을 제외하면, 푸코의 첫 저작
들이다. 『정신병과 인격』은 1954년 출판 후 푸코 자신이 절판시켰는데, 1962년에 그는
2부를 완전히 다시 써서 『정신병과 심리학』(*Maladie mentale et psychologie*)으로 새롭게
출간했다.

사가 정확한 기관상의 토대를 찾을 수가 없는 질병입니다. 이런 기준에서 보면, 광기는 참다운 의사를 골탕 먹이는 질병, 병리학의 규범적 진실을 벗어나는 질병입니다. 그 결과, 이제 광기는 가짜 질병이 되고, 사실상은 거의 전혀 질병이 아닌 무엇인가가 됩니다. 이런 마지막 결론에 도달하기 위해서는 광기란 질병인 척하지만 사실은 질병이 아닌 무엇이라야 하는데, 이는 단 한 걸음의 도약만으로도 충분합니다. 물론 나는 내가 자라난 환경에서, 일상적 대화 또는 적어도 일상적 대화가 어린아이의 마음에 남긴 인상이라는 층위에서, 이러한 도약이 쉽게 이루어졌던가를 전적으로 확신하지는 못합니다.

만약 광기가 가짜 질병이라면, 광기가 하나의 질병이라고 믿으며 광기를 치료하려는 의사에 대해서는 무엇이라 말을 해야 할까요? 이 의사, 다시 말해, 정신의학자는 필연적으로 기만당한 의사, 자신이 다루려는 것이 진짜 질병이 아니라는 것을 인식하지 못하는 의사이고, 따라서 나쁜 의사, 좀 더 솔직히 말하면, 가짜 의사가 됩니다. 이로부터, 물론 늘 어린아이의 마음속에서 의심의 여지 없이 다른 것들보다 더 깊숙히 새겨진 암묵적인 의미작용의 차원에서, 광기는 가짜 의사들에 의해 돌봄을 받는 가짜 질병이라는 관념이 생겨납니다. 나는 지난 세기[19세기]의 환경으로부터 유래하는 가치들을 기본으로 하는 20세기의 시골 의사에게는 철학이나 문학보다는 오히려 광기와 정신의학이 훨씬 더 낯선 것이라고 믿습니다. 광기에 관심을 갖게 되면서, 나는 우선 내가 광기와 광기를 다루던 의사들에 관심을 갖고 있다는 사실, 그리고 내가 의학을 통해 그것을 다루고 있지 않다는 사실로 인해, 분명 이중의 전환을 수행하게 되었습니다.

사실, 『광기의 역사』는 내 삶에 일어난 거의 우연한 하나의 사고와도 같은 것이었습니다. 나는 이 책을 내가 아직 글쓰기의 즐거움을 발견하지 못하고 있을 때 썼습니다. 나는 단지 한 작가에 대한 정신의학의 작은 역사, 정신의학의 지식, 의학 그리고 의사에 바쳐진 쉽고 간략한 작은 책을 한 권 쓰려고 했을 뿐입니다. 그런데 이런 방식으로 쓰인 역사가 너무나도 빈약한 것을 발견하게 되자, 나는 원래의 것과는 약간 어긋난 다음과 같은 질문을 스스로에게 던지게 되었습니다. 정신의학과 광인 사이의 ― 상관corrélation 관계인 동시에 공모complicité 관계이기도 했던 ― 공존 양식은 어떤 것이었을까? 광기와 정신의학은 어떻게 동시에 ― 서로서로, 서로에 반하여, 서로를 대하며, 하나가 다른 하나를 포획하면서 ― 구축되었는가? 나는 오직 ― 정신의학에 대하여 거의 유전적인, 여하튼 나의 과거에 매우 깊이 뿌리박고 있는 불신을 품고 있었던 ― 나와 같은 누군가만이 이런 문제를 제기할 수 있었다고 생각합니다. 반면, 아마도 나는 어떻게 의학 일반과 질병 일반이 서로에 대해 상관적으로 구축되었는가를 묻는 질문은 결코 제기하지 않았을 것입니다. 나는 의사가 질병으로부터 완벽히 보호된다는 것, 질병과 환자는 의사에게 완벽히 거리를 두어야 할 대상이라는 것을 모르기에는, 지나치게 깊고 끈질긴 방식으로 의학적 환경에 속해 있던 사람이었습니다. 나는 다음과 같은 명료한 기억을 가지고 있습니다. 근본적으로, 내가 어릴 때 우리 집에서는 우리 중 누구도 아픈 사람이 될 수 없다는 것, 아픈 사람이 된다는 것은 다른 사람들에게나 일어나는 일이지, 우리에게 일어나는 것이 아니라는 것 말입니다.

마치 정신의학처럼, 자신이 다루는 대상과 관련해 절대적으로 우선시되지 않는 의학의 형태가 있을 수 있으며, 그러한 의학은 자신의 시작, 자신의 가능성부터, 그리고 자신의 전개과정과 세부사항에서 자신이 다루는 질병 및 자신의 대상과 공모 관계에 있으리라는 관념은 전통 의학이 아주 잘 형성시킬 법한 관념입니다. 나는 내가 정신의학과 광기 사이의 영원한 상호작용의 그물망 안에서 동시에 이를 묘사하려는 계획을 품을 수 있었던 것은 바로 이런 전통 의학에 의한 정신의학과 광기의 평가절하라는 기반으로부터였다고 생각합니다. 나는 상당수의 정신의학자들이 나의 책을 읽고 상당한 충격을 받았으며, 나의 책에서 자신들의 직업에 대한 악의에 찬 증오심을 보았음을 알고 있습니다. 그것은 아마 사실일 수도 있습니다.

『광기의 역사』의 기원에는 분명 내가 말하는 이러한 평가절하가 있었습니다. 그러나 결국—이런 고상하고 저명한 인물에 관련된 예를 드는 것에 대해 양해를 빕니다—우리는 니체 이후로 평가절하란 앎을 위한 하나의 도구이며, 우리가 기존 가치의 위계질서를 뒤흔들지 않는다면 앎의 비밀은 스스로를 드러내지 않을 것임을 알고 있습니다. 이제, 잠깐의 성찰만으로도 바로 사라질 경멸, 그럼에도 불구하고 아마도 완전히 사라지지는 않을 경멸, 아주 오래된, 아주 어린 시절의 이런 경멸이 나로 하여금 그렇지 않았다면 아마도 내가 여전히 보지 못했을 어떤 관계를 발견하도록 만든 것일 수도 있습니다. 지금 나를 놀라게 하는 것은 많은 정신의학자들이 직업으로 삼고 있는 정신병리학, 정신의학 관련 기관, 병원에 대한 이러한 재문제화를 통해 내가 이전에 작업해 왔던 많은 주제들을 훨씬 더 잘 세련화·합리화시킬 수 있었다는 사실입니다. 의심의 여지없이, 이들 역시 자신들의 직업 내부로부터, 그들이 익숙해져 있었고 선배들을 따라 편안하게 걸어 왔던 가치체계에 대한 평가절하, 여하튼 약간의 파헤침과 흔들림을 강요받았습니다.

본푸아 『임상의학의 탄생』의 경우에는 비슷한 문제가 없었을 것 같은데요. 이 책에서 당신은 자신의 원천으로 되돌아갔습니다.

푸코 나는 당신에게 내가 물려받은 의학적 유산이 어떤 점에서 글을 쓴다는 사실 안에서 다시 나타나게 되었는가를 설명드렸습니다. 이와 관련해서, 내가 연구 대상으로 의학을 정했던 것은 부차적이고 상관적인 것이었습니다. 『임상의학의 탄생』에서 문제시되었던 것은 정확히 해부학, 사체부검, 진단, 의학적 인식의 양식이었습니다. 그러나 나의 관심은 의학적 인식의 양식에 깊이 사로잡혀 있었기 때문에 이러한 부분은 물론 내 글쓰기 행위의 내부 자체에 스며들었을 것입니다.

본푸아 그렇다면 반대로, 글을 쓴다는 것과 광기를 다룬다는 것이라는 이중의 사실에 의해, 광기에 대해 쓴다는 것은 이러한 인식 양식과의 끈을 끊고 알지 못하는 것을 향해 한 발을 내딛는 것이었네요. 동시에, 광기와 관련하여, 바로 여기에 당신의 작가로서의 재능이 있다고 생각합니다.

푸코 왜 내게 광기와 글쓰기가 서로 소통하는 것이 되었는지에 대해서는 뭐라 말해야 할지 모르겠습니다. 아마도 광기와 글쓰기의 비실존non-existence, 비존재non-être, 광기와 글쓰기가 잘못된 행위들, 일관성도 기초도 없으며 실재로 존재하지도 않는 구름과도 같은 행위들이라는 사실이 분명 이들을 서로에 대해 가까이 이끌었음에 틀림없습니다. 그러나 물론 또 다른 이유들이 존재할 것입니다. 어떤 경우에든, 내가 겪은 의학적 환경에서, 나는 솔직히 말해서 — 한편으로는 나 자신이 글쓰기에 헌신하며, 다른 한편으로는 질병과 정신의학에 대한 사색에 헌신함으로써 — 비현실의 영역, 거짓으로 그런 척하는 영역, 거짓말의 영역, 거의 신뢰의 남용에 가까운 영역 속에 스스로를 위치시켰습니다. 내가 글을 쓸 때 느끼는 죄책감, 글쓰기를 계속하는 행위를 통해 이 죄책감을 사라지게 만들고자 하는 고집스러움 안에는 늘 이런 것들이 있었다고 믿습니다.

나는 물론 당신에게 모든 이야기를 드리지는 않겠지만, 또는 차라리, 이런 이야기들을 해드리고 싶기도 합니다. 그러나 나는 이 이야기들을 출판하는 것이 좋은 일인지는 모르겠습니다. 나는 언젠가 이런 것들이 알려지게 된다는 생각에 조금 두렵습니다.

본푸아 당신 작업의 비밀스러운 면, 뒷면이 알려지는 것이 두려우신가요?

푸코 자신의 작업이, 크게 보아 그리고 결국에는, 역사의 작업인 사람, 상대적으로 객관적인 담론을 펼치고 있다고 주장하는 사람, 자신의 담론이 진실과 일정한 관련을 맺고 있다고 주장하는 사람, 이런 사람이 진정으로 자기 글쓰기의 역사를 이렇게 이야기하고, 근본적으로 주관적인 일련의 체험·기억·인상 속에서 자신이 주장하는 진실에 이렇게 관여할 권리를 가지고 있을까요? 나는 물론, 이런 일을 함으로써, 내가 글을 쓰며 보호하려고 하는 모든 진지한 것들을 흩트려 놓고 있다는 것을 잘 알고 있습니다. 그러나 내가 이런 종류의 대담에 기꺼이 참여하고 싶어 했다면, 어떨까요? 내가 이 대담에 참여하는 이유는 바로 정확히 나의 습관적 언어작용을 흩트려 놓기 위해서, 언어작용의 실을 풀어내기 위해서, 보통은 나타나지 않던 방식으로 언어작용을 나타나게 하기 위해서입니다. 내가 다른 곳에서 이야기했던 것을 더 쉬운 방식으로 되풀이하는 것이 의미가 있는 일일까요? 나는 내가 통제하고 싶어 하는 이 언어작용, 방대한 동시에 잔잔한 하나의 기념비와도 같은 이 언어작용을 그 첫 번째 조각으로, 무질서로, 약간은 만질 수 없는 흐름으로 되돌리는 일이 더 어렵기는 하지만 더 재미있다고 생각합니다.

본푸아 당신이 이 모험을 받아 주셔서 기쁩니다. 방금 이 대담의 대강과 위험을 잘 짚어 주셨습니다. 양탄자의 뒷면을 계속 탐색하기 위해, 당신에게 질문을 하나 드리고 싶습니다. 당신은 방금 당신이 사물에 던지는 진단학자의 시선이 어떤 유산으로부터 온 것인지, 이런 유산에 대한 어떤 방식의 전복이 광기를 향한 당신의 관심 속에 표현되어 있는지를 아주 잘 보여 주셨습니다. 하지만 충격적인 것은 당신의 작품들에는, 비록 당신이 광기와 의학에 대해 말하고 있을 때조차도, 의사도 철학자도 아닌 작가들, 그리고 화가들이 끊임없이 우리에게 손짓을 보내고 있다는 사실입니다. 당신이 특별히 고른 이 작가들, 화가들이—나는 지금 사드, 루셀, 아르토, 바타유, 보스 또는 고야 같은 [당신의 책에 등장하는] 인물들을 생각하고 있습니다—우리에게 전달해 주는 직관과 진실은 광기와 죽음의 영역에 은신해 있던 비밀스럽고 신비한 어떤 영역으로부터 뿌리째 뽑혀 나간 것처럼 생각됩니다. 이로부터 이들에 대한 당신의 관심은 당신이 방금 이야기해 주신 바에 의해 전적으로 정당화되는 것으로 생각됩니다. 그런데 그 이상은 없을까요? 이 작가들, 이 화가들에 대한 당신의 잦은 언급은 글쓰기에 대한, 예술적 표현에 대한 당신의 욕망, 그들의 힘에 대한 당신의 탐구를 보여 주는 것이 아닐까요? 되접히며 안으로 파고들고 스스로를 감싸며 풀려나가는 이런 글쓰기, 하나의 깊은 진실에 도달하는 동시에, 이를 통해, 광기와 죽음 속으로 빠져들 수도 있다고 위협하는—또는 이를 실천하고 수행하는 이를 위협하는—이런 글쓰기 안에는 매력적인 무엇인가가 있는 것이 아닐까요?

푸코 방금 당신은 내가 오래전부터 나 자신에게 던져 왔던 질문을 잘 형식화시켜 주셨습니다. 내가 루셀이나 아르토의 작품들, 그리고 고야의 작품들에 대해서도 마찬가지로 지속적이고도 고집스러운 관심을 기울여 온 것은 사실이지요. 그러나 이 작품들에 대해 질문을 던지는 나의 방식이 꼭 전통적인 것은 아닙니다. 일반적으로, 우리가 던지는 질문이란 다음과 같습니다. 어떻게 정신병 환자, 또는 자기 시대의 의학과 사회에 의해 그렇게 판정받은 한 사람이 즉시, 또는 몇 년 후, 몇십 년 후, 몇 세기 후에, 문화와 문학의 주요 작품 또는 그런 작품 중 하나로 진정 인정받게 될 작품을 쓸 수 있었는가? 달리 말하면, 질문은 어떻게 광기 또는 정신병이 창조적인 것이 될 수 있는가를 아는 문제로 이루어져 있습니다.

나의 질문은 꼭 이런 것이 아닙니다. 나는 레몽 루셀이나 앙토냉 아르토 같은 사람들에게 영향을 미쳤던 질병의 본성nature에 대해 결코 묻지 않습니다. 나는 또한 그들의 작품과 광기 사이에 어떠한 표현 관계가 있을 수 있는가, 또는 우리가 어떻게 그들의 작품을 가로질러 확정된 정신병의 —다소간은 코드화되어 있고 다소간은 전통적인— 얼굴을 되찾거나 알아낼 수 있는가에 대해서도 결코 묻지 않습니다. 나는 레몽 루셀이 강박신경증 환자였는지 그보다는 조현병 환자였는지를 아는 것에는 관심이 없습니다. 내가 관심을 가지고 있는 것은 차라리 다음과 같은 문제입니다. 루셀이나 아르토 같은 이들은 텍스트를 내놓은 동시대의 비평가, 의사 또는 평범한 독자가 [이 텍스트가] 정신병과 연관된 것임을 즉시 식별할 수 있는 텍스트를 쓴다. 이들 스스로가, 우선, 자신들의 일상적 체험이라는 수준에서 자신들의 글쓰기와 자신들의 정신병 사이에 매우 깊고도 지속적인 관계를 확립한다. 루셀도 아르토도 결코 자신들의 작품이 자신 안에서, 자신들의 특이성, 자신들의 특별함, 자신들의 증상, 자신들의 불안, 그리고 결국은 자신들의 질병이기도 한 어떤 수준에서 형성되었음을 부정한 적이 없다. 여기서 나를 놀라게 하는 것, 내가 탐구하고 싶은 것은 다음과 같은 것입니다. 어떻게 해서 한 사회가 자격을 박탈한, 그리하여 배제된, 어떤 개인으로부터 이런 작품이, 한 문화의 내부에서 기능하는 일이, 전적으로 긍정적인 방식으로 기능하는 일이 일어났는가? 사람들은 물론 루셀의 작품은 단지 오해받았을 뿐이며, 주저를 불러일으켰고, 불편함을 가져왔으며, 아르토의 초기 시들을 읽은 리비에르의 거부도 마찬가지라고 말합니다. 그러나, 아주 빨리, 즉시, 루셀의 작품, 아르토의 작품이 우리[프랑스] 문화의 내부에서 매우 긍정적인 방식으로 기능했다는 사실에는 변함이 없습니다. 이 작품들은 즉시 또는 거의 즉시 우리 담론적 우주의 일부가 되었습니다. 이제 우리는, 우리 문화의 내부에, 불신에 대비되는 어떤 관용의 여백이 늘 존재하고 있음을 알아차리게 됩니다. 이 관용의 여백은 설령 무엇인가가 의학적으로는 불신의 대상이 된다 하더라도 여전히 그것이 일정한 역할을 수행할 수 있고, 우리 문화, 한 문화의 내부에서 의미작용을 취할 수 있음을 말해 줍니다. 나의 지속적인 관심을 끌어온 것은 바로 이런 부정적인 것의 긍정적 기능 fonctionnement positif du négatif입니다. 내가 제기하는 문제는 작품-질병œuvre-maladie의 관계가 아니라, 배제-포함exclusion-inclusion의 관계입니다. 한 개인의 배제, 개인의 행동, 행위, 특성의 배제, 개인의 있는 그대로에 대한 배제, 그리고 같은 개인의 언어작용에 대한 매우 빠르고도 결국은 충분히 용이한 포함이 그것입니다.

여기서, 나는—당신이 원하신다면, 나의 가설, 또는 나의 강박관념이라고 부를 수도 있을—새로운 영역에 들어섭니다. 나는 다음과 같은 가정을 세워 봅니다. 주어진 특정 시대, 특정 문화의, 주어진 특정 담론 실천 형식 안에서, 담론과 가능성의 규칙은 한 개인을 심리학적으로 그리고 일종의 부분적으로 미친 사람으로 규정하는 동시에, 분명 미친 사람의 것인 이 개인의 언어작용을—주어진 이 시대의 담론 규칙에 힘입어—긍정적인 방식으로 기능하게 만들 수 있습니다. 달리 말하면, 광기의 지위는 주어진 특정 시간에, 담론의 가능한 우주라는 특정 지점 안에 보존되고 지정됩니다. 내가 확정하려고 하는 것은 담론적 우주의 내부에 나타나는 광기의 이런 기능, 광기의 이런 가능한 자리입니다.

구체적인 예를 들어 볼까요. 루셀과 관련된 나의 문제의식
은 이런 것이었습니다. (자신이 주조했으며, 그 음절이 새로운 이
야기의 구성을 위한 가이드이자 지침이 되어야 했던, 주어진 특정의
문장으로부터 그가 창조해 낸 단어의 해체, 음절의 재구성, 순환적 이
야기, 환상적 서사 등과 같은) 루셀의 완벽히 병리적이고 믿을 수
없이 순진한 작업이 문학 안에 모습을 드러내기 위해서는 문
학의 내적 조절 체계, 기능, 상태가 어떤 것이어야 했을까요?
단순히 20세기 전반기 문학 속에 모습을 드러낼 뿐만 아니라,
그 안에서 20세기 후반기 문학의 모습을 앞서 그려 내는 데에
매우 특별하고도 강력한 역할을 수행하기 위해서 말입니다. 광
인을 배제하는 특정의 문화 안에서, 특정의 담론적 우주 안에
서, 광기의 언어작용이 갖는 이런 긍정적 기능을 고려해 볼 때,
우리는 이로부터 다음과 같은 하나의 가설을 형식화해 볼 수
있습니다. 광인이라는 인물, 그리고 주어진 특정 시대의 담론
에 의해 일반적인 방식으로 또는 문학에 의해 규정되고 정의
되는 것으로서의 광기의 기능을 분리해야 하는 것이 아닐까?
근본적으로, 루셀이 광인이었는가 아닌가, 조현병 환자였는가
강박신경증 환자였는가, 그것이 루셀이었는가 아닌가는 중요
하지 않습니다. 흥미로운 것은 다만 20세기 초 문학의 조절·변
형의 체계가 어떤 것이었길래 루셀의 것과 같은 글쓰기가 그

안에서 긍정적이고 현실적인 가치를 가질 수 있었는가, 하나의 문학 작품으로서 실제로 기능할 수 있었는가라는 문제일 뿐입니다.

이제 당신은 나의 문제가 결코 심리학적인 것이 아니며, 규칙적·규범적인 언어작용의 내부 자체에서 광기의 언어작용이 갖는 기능과 지위의 문제 — 훨씬 더 추상적이고 그만큼 훨씬 덜 흥미로운 문제 — 였음을 이해할 수 있을 겁니다.

본푸아 지금 우리는 원래의 문제, 그러니까 글쓰기에 대한 당신의 관계라는 문제로부터 약간 벗어났는데요, 이제 다시 돌아가 보도록 하겠습니다. 하지만 우리는 당신 연구의 몇 가지 측면을 밝혀 준 이 약간은 빗나간 이야기로부터도 충분히 이러한 문제를 다루어 볼 수 있을 것 같습니다. 당신은 방금 레몽 루셀이 자신에게 부과했던 극히 복잡하면서도 순진한 글쓰기에 대해 말해 주었는데요. 우리가 이런 글쓰기의 복합성에서, 말하자면, 다만 우아하고도 효과적인 언어로 사물에 대해 완벽한 사유된 글을 쓰고 싶어 하는 평범한 작가라면 아마도 글쓰기의 즐거움이라 불렀을, 글쓰기를 위한 글쓰기의 실천, 언어작용에 대한 사랑의 과도함을 볼 수는 없을까요? 조금 전 당신도 '글을 쓴다는 것의 즐거움'에 대해 말한 바 있고요. 어떻게 해서 이런 즐거움이 어떤 글쓰기 실천에서 나타나게 되는 것일까요? 이런 글쓰기의 첫 번째 목적이 스스로를 찬미하는 것이 아니라—물론 당신의 글쓰기는 우리에게 이런 즐거움을 주고, 또 우리가 그것을 찬미하게 만들지만—진실을 드러내고 솟아오르게 만드는 것, 서정적 노래[歌曲]라기보다는 오히려 하나의 진단이고자 하는 것일 때 말입니다.

푸코 한 번에 너무 많은 문제를 던지시는군요.

본푸아 지나치게 많은 질문을 던진 것 같습니다. 하나씩 나누어 살펴볼까요.

푸코 먼저 나를 가장 놀라게 한 것들부터 대답해 보겠습니다. 당신은 글쓰기의 즐거움에 대해 말했고, 그 예로 루셀을 들었습니다. 사실, 내게는 이것이 전적으로 특권적인 사례로 보입니다. 꼭 마치 루셀이 자신의 극히 강력한 현미경으로 글쓰기의 미시-절차들micro-procédés을 개발해 낸 것처럼 말입니다. 다른 한편, 주제의 측면에서는, 세계의 거대함을 절대적 소인국의 메커니즘으로 환원하면서 말이지요. 루셀의 사례는 글쓰기의 사례 역시 과도하게 만드는데, 이는 글쓰기와 글을 쓰는 이의 문제에 다름 아닙니다.

그러나 우리는 지금 글쓰기의 즐거움에 대해 말하고 있습니다. 글을 쓴다는 것이 과연 그렇게 재미있는 일일까요? 루셀은 『나는 내 책 몇 권을 어떻게 썼는가』*Comment j'ai écrit certains de mes livres*에서 끊임없이 자신이 어떤 고통과 공포, 난관의 한가운데에서, 어떤 불안을 거쳐, 자신이 쓴 것을 썼는지 상기시키고 있습니다. 루셀이 말하는 유일한 행복의 커다란 순간은 첫 번째 책을 완성한 이후에 찾아온 계시와 법열뿐입니다. 실제로는, 거의 유일한 이 체험을 제외한다면, 내게는 루셀의 나머지 일생 전체가 모두 극히 어두운 터널과도 같은 길고도 고된 여정이었던 것처럼 보입니다. 루셀이 여행을 하면서도, 글쓰기에 몰두했을 때에는, 사람들 그리고 심지어는 풍경을 보지 않기 위해 자동차의 커튼을 늘 내려 놓고 다녔다는 사실** 자체가 루셀이 쓰고 있던 존재와 사물에 대한 일반적 환대, 환희, 기쁨이 아니었음을 잘 보여 줍니다.

이는 글쓰기의 즐거움이란 존재하지 않는다는 것을 말하는 것일까요? 모르겠습니다. 한 가지는 확실합니다. 나는 글쓰기라는 매우 거대한 의무가 존재한다고 믿습니다. 글쓰기에 대

• 사망한 지 2년 후인 1935년 출간된 이 책에서 루셀은 자신이 고안한 글쓰기의 '절차'(기법, procédé)를 설명한다.
•• 막대한 유산을 상속받은 루셀은 서너 명이 먹고 잘 수 있는 최고급 자동차를 개조하여 여행할 때 타고 다녔다.

한 이런 의무가 어디에서 오는 것인지는 나도 잘 모르겠습니다. 글쓰기를 시작하기 전까지, 글쓰기는 의미가 없는 것, 있을 법하지 않은 것, 거의, 다른 어떤 것보다 불가능한 어떤 것, 여하튼 우리가 관련되어 있다고는 느끼지 않을 무엇처럼 보입니다. 그러나 어떤 순간이 도달하고, 아마도 우리가 첫 쪽을 쓸 때일까요? 천 번째 쪽을 쓸 때? 첫 번째 책의 중간쯤, 또는 그 이후? 나는 언제 우리가 반드시 써야만 한다고 느끼게 되는지 모릅니다. 이런 의무감이 당신에게 고지되고 알려지는 방식은 여러 가지입니다. 예를 들면, 우리가 매일 그렇게 하듯이 작은 분량이라도 글쓰기를 하지 않았을 때 우리가 큰 불안이나 큰 긴장을 느낀다든지 하는 것 말입니다. 그런데 우리가 자신에게 부과한 이 작은 분량을 쓰게 되면, 우리는 우리의 실존에 대한 일종의 사면을 행하게 됩니다. 이 사면은 하루의 행복에 필요불가결한 것입니다. 행복한 것은 글쓰기가 아니라, 글쓰기에 달려 있으며 약간은 다른 어떤 것, 곧 실존의 행복입니다. 이것은 매우 역설적이고, 매우 수수께끼 같은 일인데, 바로 다음과 같은 면에서 그렇습니다. 이다지도 허무하고 허구적이며 나르시시즘적이고 자신을 향해 침잠하는 이 몸짓, 다만 아침나절을 할애해 탁자에 앉아 빈 종이 몇 장을 채우는 이 몸짓은 어떻게 하루의 나머지 시간에 대한 축복이라는 효과를 가져올 수 있는 것일까요? 어떻게 직업, 허기, 욕망, 사랑, 성, 노동과 같은 사물의 실재가, 아침나절 동안 또는 하루 중 어느 때인가 글쓰기를 했다고 해서, 변형될 수 있는 것일까요? 자, 이것이야말로 수수께끼 같은 일입니다. 어떤 경우든, 내게는 이런 일이야말로 내가 글쓰기의 의무를 느끼게 되는 방식 중 하나입니다.

글쓰기에 대한 의무는 또한 다른 방식으로도 고지됩니다. 우리는 늘, 근본적으로는, 단순히 자기 작품의 마지막 책을 쓰기 위해서만이 아니라, 아주 광기 어린délirant 방식으로도 글을 씁니다. 이 광기 어린 방식이란 이 세계의 마지막 책을 쓰겠다는 것인데, 이 광기는 글쓰기의 아주 미소한 조각 안에도 늘 존재하고 있다고 믿습니다. 진실을 말하자면, 우리가 글을 쓰는 바로 그 순간 우리가 쓰고 있는 것, 우리가 완성한 작품의 마지막 문장은, 동시에 그 이후로는 아무것도 말할 것이 없으리라는 의미에서 이 세상의 마지막 문장입니다. 마지막 한 문장까지 언어작용을 탕진해 버리고야 말겠다는 극단적 의지가 존재하는 것입니다. 이런 의지는 물론 담론과 언어 사이에 존재하는 불균형에 연관됩니다. 언어langue는 우리가 그것을 통해 절대적으로 무한한 문장phrases과 언표énoncés를 구축할 수 있는 무엇입니다. 반면, 길고, 분산되어 있으며, 우리가 상상할 수 있는 미래에 의존하는, 원형질의, 부드러운, 대기를 떠다니는 담론은 늘 유한하며, 한계 지어져 있습니다. 우리는 우리가 꿈꿀 수 있는 어떤 길고 긴 담론을 가지고도 언어의 끝에 도달할 수는 없을 겁니다. 결코 완결되지 않을 미래에 대하여 늘 담론을 유보시키고야 마는 언어의 이러한 탕진 불가능성은 분명 글쓰기의 의무를 증명하는 또 하나의 방법입니다. 우리는 언어의 끝에 도달하기 위해, 그 결과 모든 가능한 언어작용의 끝에 도달하기 위해, 결국에는 담론의 충만함으로 언어의 무한한 빔을 막기 위해 글을 씁니다.

이곳에서 우리는 또 한 번 글쓰기가 말하기와 아주 다른 것임을 보게 될 것입니다. 우리는 또한 더 이상 얼굴을 갖지 않기 위해, 자신의 글쓰기 아래 스스로를 묻어 버리기 위해 글을 씁니다. 우리는 우리의 주변에, 곁에, 바깥에 있으며, 종잇장으로부터 멀리 떨어져 있고, 재미없고 지루하며 근심으로 가득차 있으며, 타인들에게 노출되어 있는 이 삶이, 우리 눈앞에 있고 우리가 그 주인인 이 작은 직사각형의 종이 속으로 서서히 스며들어 가도록 하기 위해 글을 씁니다. 글을 쓴다는 것은, 근본적으로, 우리가 종이 위에 쌓아 놓는 이 미세한 흔적들 안에서, 실존과 신체의, 모든 실체를 글쓰기와 펜이라는 신비한 운하를 따라 흘러가도록 만들려는 시도입니다. 삶이 문제가 될 때, 우리가 백지 위에 쌓아 놓는, 죽어 버렸지만 여전히 수다스러운, 휘갈겨 쓴 이 문자들이 더 이상 아니고자 하는 것, 이것이야말로 우리가 글을 쓸 때 꿈꾸는 것입니다. 그러나 [우리의] 소란스러운 삶을 문자들로 이루어진 불변의 소란스러움 속으로 서서히 흡수시키려는 우리의 시도는 결코 이루어질 수 없을 것입니다. 삶은 늘 종잇장 바깥으로 펼쳐질 것이고, 증식될 것이며, 결코 이 작은 직사각형 안에 고정되지도 않을 것이며, 신체의 무거운 부피 역시 결코 종이 표면 위에 펼쳐지기에 이르지도 않을 것이고, 우리가 2차원의 이 우주, 담론의 이 순수한 행렬로 옮겨 가는 일도 없을 것이며, 한 텍스트의 선형성線造性, linéarité에 다름 아닌 무엇인가가 될 만큼 우리가 충분히 가늘고 섬세할 수도 없을 것이지만, 그러나 이것이야말로 우리가 도달하고자 하는 것입니다. 이제 우리는 끊임없이 글쓰기와 펜이라는 움푹 파인 구멍 속으로 미끌어져 들어가기 위해, 스스로 몰두하기 위해, 다시 일어서기 위해 노력할 것이고, 이는 끝이 없는 과업, 우리가 헌신하는 과업입니다. 우리는 우리가 종이의 흰 표면과 만년필 촉 사이에 존재하는 부서지기 쉬운 지점, 장소이자, 드디어 고정되어, 결정적으로 확정되며, 오직 타인만 읽을 수 있는 것이 되어 버린 하나의 표지가 기입되는 순간, 즉각적으로 사라지는 순간이자, 바로 그렇게 굳어 버린, 스스로를 의식할 모든 가능성을 잃어버린, 이 미세한 떨림, 이 미소한 긁힘 속에만 존재했을 때에만, 스스로를 정당하다고 느낄 것입니다. 나는 자신을 이런 기호로의 이행 속으로 사라지게 만드는 이런 일종의 시련, 소거가 바로 글쓰기에 의무라는 특성을 부여하는 것이라고 믿습니다. 이것은 당신이 보시다시피,

즐거움이란 없는 의무지만, 결국, 의무로부터의 도피가 당신을 더 큰 불안에 빠뜨리고, 법의 위반이 당신을 더 큰 불안정과 방황에 빠뜨릴 때, 이 법에 복종하는 것은 사실은 가장 큰 즐거움이 아닐까요? 어디에서 온 것인지도 모르고 어떻게 해서 우리에게 부과된 것인지도 모르는 이러한 의무에 복종한다는 것, 의심의 여지 없이 나르시시즘적이며, 당신을 짓누르며 사방에서 당신을 압도하는 이 법에 복종한다는 것, 이것은 다름 아닌 글쓰기의 즐거움입니다.

본푸아 여기서 나는 당신에게 이미 진단적 글쓰기라는 당신의 개념에서 두드러졌던 하나의 관념에 대해 조금 더 정확하게 이야기해 달라고 말하고 싶습니다. 어떤 다른 의무에 대해 쓰는 사람의 방식 안에는, 무엇인가를 발견한다는, 아마도 자신이 직감하고는 있지만 아직 명확히 형식화시키지는 못한 진실을 발견한다는 관념이 존재하고 있지 않을까요? 마찬가지로, 우리가 글을 쓸 때, 우리는 아마도 우리가 다른 순간에 글을 썼다면, 이 부분, 이 책은 다른 책이 되었으리라는, 다른 모습을 띠게 되었으리라는 인상, 나아가 글쓰기는 아마도 우리가 느끼고 찾으며 목표로 삼고자 하는 동일한 무엇인가를 향해, 동일한 지점을 향해 우리를 이끌어 가지만, 다른 길을 통해, 다른 문장을 통해 우리를 이끌어 간다는 인상을 늘 갖게 되지 않나요? 당신은 스스로 자신이 글쓰기의 이러한 방식을 안정적으로 지배하고 있다는 느낌을 받나요, 아니면 그러한 방식이 당신을 이끌어간다고 느끼나요?

푸코 바로 그런 점이 내게는 글쓰기의 의무가 사람들이 보통 작가의 소명이라고 부르는 무엇인가와 일치하지 않는 부분입니다. 나는 롤랑 바르트가 작가écrivains와 글 쓰는 사람écrivant 사이에 행한, 이제는 유명해진 구분을 깊이 신뢰합니다.* 나는 작가가 아닙니다. 우선, 나는 어떤 상상력도 가지고 있지 않습니다. 나는 전적인 비-창조성ininventibilité**에 속합니다. 나는 어떤 소설의 주제와 같은 것을 한 번도 품어 본 적이 없습니다. 물론, 때로는 나도 용어의 거의 저널리즘적 의미에서 소설, 작은 사건들을 이야기하고 싶은 욕구, 예를 들면 누군가의 삶을 이야기해 보고 싶은 욕구를—그러나 다섯 줄, 열 줄로, 그 이상은 말고요—느낄 때가 있습니다만, 나는 작가가 아닙니다. 나는

---

* 바르트(1915~1980)의 구분에 따르면, 양자는 그 형식과 지향점에서 구분된다. '작가'는 글쓰기 그 자체를 목적으로 설정하고 글 자체의 위엄을 드높이며 스스로 '문학'이라는 제도의 사제가 되기를 마다하지 않는 이들을, '글 쓰는 사람'은 자신의 글쓰기 행위를 통해 세계와 자신 그리고 다른 사람들을 변형시키고자 하는 이들, 글쓰기를 수단으로 활용하는 이들을 지칭하는데, 이들이 필연적으로 문학에 속하는 것은 아니다. Roland Barthes, "Ecrivains et écrivants", *Essais critiques*, Paris: Éditions du Seuil, 1964.
** 프랑스어에 이런 단어는 존재하지 않는다.

나의 자리가 글을 쓰는 사람들, 글쓰기를 수단으로 삼는 사람들의 곁이라고 단호히 규정합니다. 나는 따라서 글쓰기가, 자기 자신을 벗어나, 글쓰기가 없었다면 남겨질 또는 숨겨질 무엇인가, 또는 적어도 보이지 않았을 무엇인가를 묘사하고 보여주며 드러내야 하는 운명을 가지고 있다고 말하고 싶습니다. 아마도 내게는 이런 부분에, 그 모든 것에도 불구하고, 글쓰기의 환희가 존재하는 것 같습니다.

　나는 작가가 아닙니다. 우선, 내가 수행하는 종류의 글쓰기, 매일 아침 내가 하는 이 소소하고도 작은 작업은 자신만의 견고한 기반 위에서 확립되거나 스스로의 위엄으로부터 성립하는 것으로 남는 그런 순간이 아닙니다. 나는 하나의 작품을 만들고자 하는 마음도, 의도도 전혀 갖고 있지 않습니다. 나는 여러 가지 사물들에 대해 말을 하고자 하는 계획을 가지고 있을 뿐입니다.

　또한 나는 해석자interprète도 아닙니다. 이것이 의미하는 바는 내가 수 세기, 수천 년 전부터 전적으로 잊히고 감춰진 것들, 묻혀 있는 것들을 다시 드러내고자 노력하거나, 또는 다른 사람들이 말하는 것 뒤에 존재하는 비밀, 그들이 감추고 싶어하는 비밀을 다시 발견하려고 노력하지 않는다는 것입니다. 나는 사물 또는 담론 안에 은폐되어 있는 또 다른 의미를 발견하려고 노력하지 않습니다. 나는 그런 일을 하지 않습니다. 나는 다만 즉각적으로 현존하고 있지만, 동시에 잘 보이지 않는 것을 드러내려고 노력합니다. 나의 담론 계획은 노안老眼을 위한 계획입니다. 나는 우리 시선에 너무 가까이에 있어서 오히려 우리에게 잘 안 보이는 것, 우리와 아주 가까운 거기에 있는 것, 그리고 우리가 그것을 볼 수 있게 된다면 아마도 다른 것들 역시 잘 볼 수 있게 될 어떤 것을 잘 보이도록 만들고 싶습니다. 우리를 전적으로 둘러싸고 있으며, 우리로부터 먼 곳에 있는 사물들을 안정적으로 보여 주는, 허공에 떠다니는, 이 무엇인가에 밀도를 부여하는 일, 그렇다고 우리가 투명한 것으로 체험하지는 않는 이 무엇인가에 두께와 밀도를 부여하는 일은 그간 나의 변함없는 지속적 주제, 계획을 이루어 왔습니다. 마찬가지로, 그것은 우리가 그것을 통해 말하고 볼 수 있게 해주는 이 일종의 맹목적 과업을 묘사하고 윤곽을 그려 내고 명확히 하는 일, 우리를 멀리 볼 수 있게 해주는 이 무엇인가를 다시 포착하는 일, 우리를 전적으로 둘러싸고 우리의 지식과 시선의 일반적 장場을 지시하는 무엇인가의 대강을 규정하는 일입니다. 이런 비가시성invisibilité, 너무나도 가시적인 것의 이런 비가시성, 너무 가까이 있는 것에 대한 이런 거리두기, 이런 알려지지 않은 친밀함은 나의 언어작용과 담론에 있어 중요한 작용을 합니다.

본푸아 당신의 책들은 우리에게 과거의 담론 양식 또는 지식 양식에 대한 분석을 제공합니다. 이는 글쓰기 이전에, 수많은 독서, 대조, 비교, 선택, 자료에 대한 일차적 세련화 작업을 가정하고 있습니다. 이 모든 것이 글쓰기 이전에 이미 정돈되어 있거나, 또는 예를 들면 고전주의 시대의 사유나 정신의학 기관이 기입되고 밝혀지는 이런 풍경을 관찰하고 그려 내는 방식과 관련하여 결정적 역할을 수행하는 것이 글쓰기일까요?

푸코 당신이 내게 이런 질문을 던지는 것은 적절한 것이라는 생각이 듭니다. 내가 너무 지나치게 추상적으로 말씀을 드렸다는 생각이 듭니다. 말하자면, 나는 즐겁게…, 그러니까, 바로 그렇게 읽습니다. 나는 독서가 즐겁습니다. 약간의 호기심에서든, 여하튼 17세기의 식물학 책들, 18세기의 문법 책들, 리카도와 애덤 스미스 시대의 정치경제학 책들 사이에 존재하는—여기서 구체적으로 설명을 드리기에는 그리 흥미롭지 않을—어떤 연상 작용에 의해서든 말입니다.* 나의 문제, 그리고 내게 글쓰기라는 과업은 이런 책들을 나의 용어들로 다시 쓰는 것에 있

---

* 푸코의 『말과 사물』은 기본적으로 15~20세기를 르네상스·고전주의·근대의 세 시기로 나누고, 이 시기들 사이 및 각각에 나타난 인식론적 단절을 생명(박물학[식물학]·생물학)·언어(일반 문법·문헌학)·노동(부의 분석·정치경제학)의 세 영역에서 추적한다.

지 않습니다. 마찬가지로, 나는 리카도, 애덤 스미스, 뷔퐁, 린네의 텍스트 자체에서 보이는 이런저런 틈새, 누락, 모순 속에 존재하지만 말해지지는 않았던 무엇, 곧 우리가 관습적으로 지식 또는 담론의 비사유非思惟, l'impensé라 부르는 것을 발견하고자 애쓰지도 않습니다. 나는 우리가 텍스트에 대해 가질 수도 있을 모든 친밀함을 — 다양한 인식 효과의 회피를 통해 — 끊어 내면서, 이 모든 텍스트들을 읽습니다. 나는 이 텍스트들을 그 것들만의 고유한 특이성, 가장 명료한 낯섦을 통해 확립하고자 노력합니다. 이러한 노력은 우리가 스스로를 발견하는 곳, 우리 자신을 이 텍스트들과 관련된 존재들로서 발견하는 곳으로서의 이 차이, 이 거리 자체 속으로 나의 언어작용, 나의 담론을 도입하기 위한 것이지요. 역으로 말하면, 나의 담론은 이러한 차이가 나타나는 장소이어야 합니다. 달리 말해, 내가 약간은 멀리 떨어져 존재하는 이질적인 대상에 관심을 가질 때, 내가 드러나게 만들고 싶은 것은 그 대상을 넘어서 존재하는, 또는 그 대상의 명백한 현존에 위해 가리워진 비밀이 아닙니다. 내가 드러나게 만들고 싶은 것은 오히려 우리를 대상으로부터 떼어 놓는 동시에 우리를 대상과 이어 주면서, 우리로 하여금 대상에 대해 말할 수 있게 해주지만 결코 대상을 전적으로 우리의 고유한 무엇, 우리의 고유한 표상, 우리의 고유한 지식은 아닌 무엇으로서만 말하게 만드는 이 분위기, 이 투명성입니다. 이제, 내게 있어 글쓰기의 역할은 본질적으로 거리두기 또는 거리를 재는 것이라 말할 수 있습니다. 글을 쓴다는 것은 죽음과 죽은 것으로부터 우리를 분리시켜 주는 이 거리 안에 스스로를 위치 짓는 것입니다. 동시에, 죽음이 자신의 진실 속에서 스스로를 펼치는 것은, 결코 숨어 있는 비밀스러운 진실 또는 자신이 한때 그러했던 진실 속이 아닌, 이 무엇, 내가 죽은 것들에 대해 글을 쓰는 이 순간 내가 죽지 않았고 우리가 죽지 않았음을 말해 주는 이 진실, 우리를 죽음과 분리시켜 주는 이 진실 속에서입니다. 내게, 글쓰기가 구축해 내야만 하는 것은 바로 이런 관계입니다.

내가 당신에게 나는 작가도 해석학자hermeneute도 아니라고 말했던 것은 바로 이런 의미에서였습니다. 내가 만약 해석학자라면, 나는 내가 묘사하는 대상의 뒤편, 이 과거 담론의 뒤편으로 달려가, 그 탄생의 비밀과 시원점을 찾고자 노력할 겁니다. 내가 만약 작가였다면, 나는 오늘 나의 고유한 언어작용과 그 존재의 마법을 통해서만 말을 하고 있을 것입니다. 나는 이것도 저것도 아닙니다. 나는 타인들의 담론과 나의 담론 사이의 이 거리 안에 존재합니다. 그리고 나의 담론은 타인들의 담론과 나의 담론 사이에서 내가 취하는, 내가 측정하는, 내가 맞아들이는 거리와 다른 것이 아닙니다. 이런 의미에서, 나의 담론은 존재하지 않으며, 내가 작품을 만들고자 하는 의도도 자만도 전혀 갖고 있지 않다고 한 말은 바로 이런 점에 기인하는 것입니다. 나는 물론 내가 작품을 만들지 않는다는 것을 잘 알고 있습니다. 나는 이 거리를 재는 측량사이고, 나의 담론은 오직 차이와 거리두기의 체계를 측정하는 이 전적으로 상대적이고 연약한 담론의 미터법일 뿐입니다. 나의 언어작용이 수행되는 대상은 우리가 아닌 어떤 것과의 차이에 대한 측정입니다. 그리고 바로 이것이 조금 전 내가 당신에게 글을 쓴다는 것은 자기 고유의 얼굴을 잃어버리는 일, 자기 고유의 실존을 잃어버리는 일이라고 말한 이유입니다. 나는 내 실존에 기념비적인 견고함을 부여하기 위해 글을 쓰지 않습니다. 나는 차라리 내 고유의 실존을 죽음과 분리시키는, 그리고 아마도, 바로 그 이유로 인해, 죽음으로 이끌어 가는 거리 속으로 서서히 흡수시키기 위해 글을 씁니다.

본푸아 당신은 당신이 작품을 만들지 않는다고 말했고, 그 이유까지도 탁월하게 설명해 주었습니다. 그러나 나는 오늘 당신의 담론이 하나의 특이한 울림을 가지고 있다는 점을 들어 이에 대한 반론을 펼쳐 봅니다. 이는 두 가지 이유에서인데, 우선, 당신의 담론은 과거의 담론과 우리를 분리시켜 주는 거리를 가능케 해줍니다. 그리고 이런 면에서 당신의 담론은 그 목적을 완벽히 달성하고 있습니다. 다음으로, 당신의 담론은 현재를 밝혀 주고, 현재에 드리워진 옛 그림자로부터 현재를 해방시켜 줍니다. 하지만 나의 질문을 이것이 아닙니다. 방금 당신이 당신은 당신의 담론 속으로 사라진다고 말했을 때, 당신의 이 말은 내게 『말과 사물』의 마지막 부분에 등장하는 또 다른 사라짐, 곧 인간의 사라짐에 대한 고지告知를 상기시켰습니다. 인간 과학의 구축과 변화에 대한 연구를 진행한 후에, 당신은 다음과 같은 것을 우리에게 보여 주었습니다. 절정의 순간, 승리의 순간, 대상 자체의 순간에, 인간은 담론의 중단 없는 짜임 속에서 사라지고 있었다, 지워지고 있었다. 신중하지 못한, [두 사라짐 사이의] 명백한 유사성에 근거한, 아마도 지나치게 개인적일 질문을 드려 죄송합니다. 하지만 이 두 사라짐, 곧 인간의 사라짐과 글쓰기 안에서의 당신의 사라짐 사이에는 어떤 친근 관계가 있는 것이 아닐까요?

푸코 당신이 이런 질문을 내놓은 것은 전적으로 정당한 일입니다. 말하자면, 이에 대해 우리는 또 다른 대담에 이르거나, 또는 내가 『말과 사물』의 마지막 부분에서 아주 정확히 무엇을 말하고자 했는가 하는 문제를 망각 속에 내버려 둘 수도 있을 겁니다. 분명한 것은 인간의 사라짐이라는 주제와 내게 글쓰기의 의무, 내 글쓰기의 작업 자체란 무엇인가 하는 문제 사이에는 어떤 친근 관계가 있다는 사실입니다. 나는 이런 말을 하면서 내가 감당해야 할 위험을 완벽하게 이해하고 있습니다. 왜 냐하면 나는 이미 내가 말한 것 속에서 우선은 내 조현병의, 다 음으로는 정확하게 광기 어린 특성을 갖는—그러므로 내 책 에서 내가 말한 것이 객관적이지 못함을, 진실이 아님을, 비합 리적임을, 과학적이지 못함을 말해 주는—기호[증후]들을 찾 아내는 정신의학자의 그로테스크한 그림자가 자라나는 것을 보고 있기 때문입니다.

　나는 내가 이런 위험을 감수하고 있다는 것을 알고 있습 니다. 그러나 나는 절대적으로 가벼운 마음으로 이런 위험을 감수합니다. 내게 질문을 하는 당신의 친절함이 깃든 이 대담 은 나를 무척이나 즐겁게 하는데, 그 이유는 다만 내가 이전에 내 책들에서 말했던 것을 내가 여기서 더 많이 또는 더 잘 설 명하려고 노력하지 않기 때문입니다. 나는 이 대담에서—특 히 미래에 나올 수천 권의 인쇄본, 그리고 미래에 이 책을 읽을 수천 명의 독자를 생각하면 이미 너무 많다는 생각이 드는데, 이런 미래에 존재할 제3의 책 또는 독자의 현존은 특별히 부담 스럽습니다—이런 일이 가능하리라고 생각하지 않습니다. 나 를 즐겁게 하는 것은 우리는 우리가 가는 곳이 어디인지 알지 못한다는 사실입니다. 나는 당신과 함께 일종의 체험을 하고 있습니다. 나는 처음으로, 1인칭으로, 내가 나의 책을 쓸 때마 다 끊임없이 나 자신을 지우고자 원했던 이 중립적이고 객관적인 담론을 거부해 보려고 노력하고 있습니다. 그 결과, 당신이 말한 인간의 죽음과 내가 글쓰기로부터 만들어 가는 체험 사이의 친근 관계는 명백해집니다. 사람들은 이로부터 자신들이 원하는 것을 만들어 낼 것입니다. 사람들은 물론 내가 확언하고 싶었던 것의 공상적 성격을 규탄할 것입니다. 또 다른 사람들은 아마도 내가 당신에게 말한 것에서, 진지한 진실의 담론이 아니라, 내가 나의 책들에서 형식화시키고 싶어 했던 다소간은 이론적이고 이데올로기적인 주제의 자신을 향한 투사를 볼 것입니다. 나에 대해 책이 갖는 또는 책에 대해 내가 갖는 이 관계, 이 친근 관계를 사람들이 어떤 방식으로 읽을까는 중요하지 않습니다. 어떤 경우든, 나의 책들, 그리고 나 역시 내가 말하는 것에 의해 평판이 위태로워질 것임을 나는 알고 있습니다. 이는 상당한 위험, 이 대담의 유쾌한 위험입니다. 이제 이 친근 관계, 이 소통이 드러나도록 내버려 둡시다.

본푸아 당신이 글을 쓰는 순간 일어나는 이 글쓰기 안으로 사라짐, 이렇게 묘사된 행동을 어떻게 느끼시나요?

푸코 내가 글을 쓸 때, 나는 늘 마음속에 어떤 것을 품고 있습니다. 동시에, 나는 늘 내 바깥의 무엇인가, 어떤 대상, 가령 17세기의 문법 또는 정치경제학 또는 고전주의 시대의 광기의 체험 등과 같이 내가 묘사해야 하는 어떤 영역에 말을 겁니다. 하지만, 그럼에도 불구하고, 나는 이런 대상, 이런 영역을 내가 묘사한다는 생각, 말하자면 그것 자체가 말하는 것에 내가 귀를 기울인다는 생각, 내가 묘사하는 것을 통해 만들어질 어떤 표상을 특정 문체와 단어를 사용해 종이 위에 옮겨 쓴다는 생각을 전혀 갖고 있지 않습니다. 말씀드린 것처럼, 나는 내가 가지고 있는 거리, 이런 사물에 대해 우리가 가지고 있는 거리가 나타나도록 노력할 뿐입니다. 나의 글쓰기는 이러한 거리의 발견 자체입니다. 나는 이런 말도 덧붙이겠습니다. 나는 말하자면, 물론 늘 정확한 특정 대상을 가리키는 정신을 유지하고 있음에도, 내가 글을 쓰기 시작하는 순간에는 어떤 생각도 하지 않는다고 말입니다. 이는 물론 내게 글쓰기가 매우 피곤하고, 어려우며, 또 불안을 몰고 오는 일임을 의미합니다. 나는 늘 실패를 두려워합니다. 물론 나는 무한히 어긋나고, 실패합니다. 이는 또한 나를 글쓰기로 몰아붙이는 것은 어떤 진실, 관계의 확실성 또는 발견이 아니라, 차라리 이런 거리를 솟아오르게 해줄 어떤 문체, 내 글쓰기의 어떤 작동 양식, 어떤 글쓰기 형식에 대해 내가 가진 감정이라는 것을 말하는 것이지요.

예를 들면, 어느 날 나는 마드리드에서 벨라스케스의 「시녀들」에 매혹당했습니다.* 나는 아주 오랫동안 말없이 이 그림을 바라보았는데, 그저, 언젠가 훗날 내가 이 그림에 대해 말하게 되리라고는—묘사한다는 것은 더 말할 것도 없고요, 그런 생각은 당시의 내게는 무척이나 가소롭고 우스꽝스러운 일로 보였을 겁니다—생각도 하지 못한 채 말입니다. 그리고 어느 날엔가, 정확히 어떻게 해서인가는 잘 생각이 나지 않지만, 마드리드로 돌아가 보기는커녕, 심지어는 책에서 그림을 다시 찾아보지도 않은 채, 이 그림을 보았던 나의 기억에 대해 써 보고 싶은 욕구, 그 안에 담겨 있던 것에 대해 묘사해 보고 싶은 욕구가 일었습니다. 그것에 대한 묘사를 시작하는 순간, 어떤 언어작용의 색조, 어떤 리듬, 어떤 분석 형식이 특히 내게 하나의 인상, 거의 확실성에 가까운—아마도 잘못된 것이겠지만—하나의 인상을 주었습니다. 나의 인상은 내가 정확히 그 순간 우리가 재현작용représentation이라는 고전주의 시대의 철학에 대해 갖는 거리, 그리고 유사성ressemblance과 질서ordre의 고전주의[르네상스]** 사유에 대해 갖는 거리를 출현시키고 측정

• 벨라스케스(Diego Velázquez, 1599~1660)의 「시녀들」(Las Meninas, 1656)은 마드리드의 프라도미술관에 소장되어 있다. 푸코는 『말과 사물』에서 이 작품에 대한, 이제는 너무도 유명해진 분석을 수행한다. 푸코의 분석, 나아가 『말과 사물』의 핵심 중 하나는 '이중작용'의 논리다. 푸코가 「시녀들」을 프라도에서 본 것은 1963년 11월의 일이다. Michel Foucault, *Dits et écrits*[DEQ], vol.1, eds. Daniel Defert, François Ewald and Jean Lagrange, Paris: Gallimard, 2001, p.32.
•• 이는 '르네상스'의 명백한 오기다(아마도 푸코가 착각하여 실제로 이렇게 말했거나, 또는 녹취를 받아 적는 과정에서 발생한 오류임에 틀림없다). 이러한 수정의 근거로는, 『말과 사물』은 15세기 이래 20세기에 이르는 유럽을 대상으로 '한 시대의 모든 지식이 그 주

할 수 있게 해주는 담론을 가졌었다는 것입니다. 나는 이렇게 해서 『말과 사물』을 쓰기 시작했습니다. 이 책을 위해 나는 약간은 우연히 ─내가 후에 이것으로 무엇을 하게 될지 알지 못한 채, 실은 이것으로 어떤 연구를 수행할 수 있으리라는 가능성에 대한 어떤 확신도 없이 ─이전 몇 년 동안 모아 놓은 모든 자료를 활용했습니다. 이 자료들은 말하자면 죽어 버린 자료들이었습니다. 당시에 나는 약간 이 자료들을 마치 버려진 정원, 활용 불가능한 영역처럼 독파하며, 마치 예전의 조각가, 무엇을 만들어야 할지 알지 못하며 대리석 덩어리를 바라보고 다듬던 17세기 또는 18세기의 조각가를 상상하며 읽어 나가곤

위에 형성되는 인식론적 축'으로서의 에피스테메(épistémè)의 변화를 추적한 책이라는 사실을 들 수 있다. 푸코에 따르면, 이 시기 유럽을 지배한 에피스테메는 대략 16세기 초부터 17세기 중반에 이르는 르네상스의 '유사성', 18세기 말 19세기 초에 이르는 고전주의의 '재현작용', 이후 푸코가 『말과 사물』을 출간한 1966년에 이르는 근대의 '역사'(histoire) 또는 '인간'(homme)이다. 푸코에 따르면 이전의 르네상스, 고전주의가 거의 정확히 150년 정도를 지속했으므로(푸코는 ─예를 들면 근대가 시작되는 지점을 1795년 또는 1800년을 중심으로 하는 1775~1825년 경으로 잡고 있는 것에서 잘 드러나듯이 ─실제로는 전후로 25년 가량, 곧 50년 정도의 유예를 둔다), 근대 역시 1800년으로부터 150년 가량이 지난 1950년경이면 끝나는 것으로 가정된다. 따라서 『말과 사물』에 나타나는 푸코의 주장은 사실상 1950년 경, 또는 1925~1975년 경에는 끝나야 하는 근대가 '아직 자신이 죽은 줄 모르고 있기 때문에', 이제는 근대를 끝내고 ─아마도 '언어작용'을 에피스테메로 삼는 ─이후의 시대(푸코는 이를 이름 붙이지 않았는데, 이를 1970~1980년대 이후에 지배적 지위를 차지한 '포스트모던' 시기라 지칭하는 것은 시대착오의 오류를 범하는 것이다)가 와야 한다는 주장이다. 따라서 이 문장의 주어인 '우리'는 근대와 이후에 올 시대 사이의 '이행기'에 놓여 있는 '우리'라는 의미로 읽어야 한다.

했습니다.

[녹취 기록은 이곳에서 멈춘다.]

글쓰기란 무엇인가?

: 저자·독자·텍스트 모두를 탄생시키는 언어작용

1. 클로드 본푸아와의 대담: 1968년의 푸코

우리가 방금 읽은 대담은 1968년 여름과 가을 푸코가 문학비평가 클로드 본푸아와 나눈 10여 차례의 대담 중 첫 번째 것이다. 이 대담은 1995~2014년 동안 미셸 푸코 센터Centre Michel Foucault의 소장을 지낸 역사가 필립 아르티에르의 편집을 거쳐 그의 해설을 달고 2011년 파리의 '고등연구'Hautes Études 총서 중 한 권으로 출간되었다. 원서의 마지막에 실린 푸코의 약력은 다음과 같다.

미셸 푸코(1926~1984)

1946년 고등사범학교 입학. 철학 및 심리학 과정 이수

1957년 프랑스 외교부의 지원을 받아 스웨덴으로 출국. 이어 [당
시] 서독과 폴란드에서 근무

1961년 『광기의 역사』

1963년 『임상의학의 탄생』

1966년 『말과 사물』

1968년 **클로드 본푸아와의 대담**

1969년 『지식의 고고학』

1970년 콜레주 드 프랑스의 교수로 임용

1971~1972년 피에르 비달나케 및 장마리 도므나크와 함께 설립한
  '감옥에 관한 정보그룹'의 핵심에서 활동

1976~1984년 『성의 역사』(1~3권)

1995년 [대담·서문 등을 모은] 『말과 글』

1997년 콜레주 드 프랑스 강의록 출간 시작

  푸코는 사망하던 1984년을 즈음하여 평생에 걸친 자신의 작업을 대략 다음처럼 3개의 시기로 정리한다(이러한 구분은 물론 푸코 자신의 '사후적' 재구성임을 잊지 말아야 한다).[1]

  1. 1961~1969년 지식의 고고학: 우리는 어떻게 스스로를 지식의 주

---

1 보다 자세한 것은 다음을 참조. 허경, 「미셸 푸코와 자기 변형의 기술」, 철학아카데미 엮음, 『처음 읽는 프랑스 현대철학』, 동녘, 2013; 허경, 「우리 자신의 역사적·비판적 존재론」, 한국프랑스철학회 엮음, 『현대 프랑스 철학사』, 창비, 2015. 보다 정확히 말하면, 푸코는 『광기의 역사』가 포함되는 대략 1954~1961년의 시기를 아직 '자신의 방법론을 완전히 확립하지 못한' 여명의 시기로 본다.

체로서 구성하는가? 『임상의학의 탄생』, 『말과 사물』, 『지식의 고고학』

2. 1970년~1975년 권력의 계보학: 우리는 어떻게 스스로를 권력을 행사하고 타인의 그러한 지배를 감당하고 또 저항하는 존재로서 구성하는가? 『담론의 질서』, 『감시와 처벌』

3. 1976~1984년 윤리[자기 형성]의 계보학: 우리는 어떻게 자기 자신과의 관계를 통해 스스로를 하나의 도덕적 주체로서 구성하는가? 『성의 역사 1: 지식의 의지』, 『성의 역사 2: 쾌락의 활용』, 『성의 역사 3: 자기 배려』

따라서, 1968년 여름과 가을에 걸쳐 이루어진 본푸아와의 대담은 (정식 출간된 저작들만을 따진다면) 1966년의 『말과 사물』과 1969년의 『지식의 고고학』 사이에 위치한다. 이는 달리 말해, 이 대담의 내용이 지식의 고고학과 권력의 계보학 사이에 놓인, 광의의 '이행기' 사유를 드러내 보여 주고 있다는 말이 된다. 지식의 고고학 시기는 크게 보아 **'구조주의'의 깊은 영향**을 받은 방법론적 사유로 간주될 수 있다(푸코 자신이 1966년 『말과 사물』의 출간 및 성공·비판의 결과, 이 책이 '구조주의적' 저작이라는 점을 강력히 부인하고 있다는 사실을 제쳐 놓고서라도, 푸코와 구조주의의 관계는 독립된 한 권의 연구를 이룰 흥미로운 주제다). 나아가, 1969년 출간된 『지식의 고고학』이 — 책이 출간된 상황 및 복잡한 논의구조로 인해 여러 가지 성격 규정을 가능케 하지만—그 주요 특성 중 하나로 푸코가 '구조주의적' 사유의 한계와 가능성, 곧 자기 자신의 사유에 대한 비판적 검토를 수행한 책이라는 점에는 이견의 여지가 없을 것이다. 그러나 여기에는 서지학의 측면에서 보다 정확히 살펴보아야 할 시기의 문제가 있다. 『지식의 고고학』은 1969년 3월에 출간되었지만, 푸코가 그 초고의 대강을 완성한 것은 1967년경의 일이다. 따라서, 사실상 이 대담은 『말과 사물』과 『지식의 고고학』의 사이에서 보다 정확히 말해 **『지식의 고고학』 초고와 최종 완성고의 출판 사이**에 이루어진 대담이다.

따라서 이 대담은 푸코가 '지식의 고고학'이라 부르는 시기의 마지막에 위치한다. 『지식의 고고학』의 초고가 1967년경에 이미 완성되어 있었고, 이후 푸코 자신의 일정한 수정과 정리를 거쳐 1969년에 출간되었다는 전기적 사실을 참조하면, 이 대담은 크게 보아 『지식의 고고학』의 집필 과정, 특히 그 초고의 집필과 동시대, 또는 그 직후에 이루어진 것이라 말할 수 있다. 그리고 무엇보다 중요한 사실로서 이 대담이 이루어진 1968년의 여름과 가을이 프랑스를 포함한 동시대 유럽의 모든 지식인들에게 큰 영향을 끼친 68년 5월 혁명 직후라는 사실이다. 1968년 여름과 가을은 푸코가 1966년 9월 이후 이어지던 튀니스대학교 교수 생활을 정리하고, 프랑스로의 귀국을 준비하던 시기다(푸코가 귀국한 것은 1968년 말이다). 이후 푸코는 『지식의 고고학』 출간 후

1970년 말 콜레주 드 프랑스의 교수로 선임되어, 12월 취임강연 '담론의 질서'를 행한다(이 강연은 1971년에 동명의 제목으로 출간된다).

2. 1968년 여름과 가을: 텍스트가 놓인 위치

이제 이 대담의 성격을 보다 정확히 이해하기 위해, 대담이 이루어진 1968년 여름과 가을을 전후한 푸코 사유를 구체적으로 추적해 보고자 한다. 서지학적 측면에서, 이 대담이 이루어진 1968년 여름과 가을 전후 시기에 푸코는 다음과 같은 글 또는 대담을 발표했다.

1967년

연초 들뢰즈와 프랑스어판 『니체 전집』의 서문을 발표

3월 논문 「헤테로토피아」 발표

4월 대담 「구조주의 철학은 '오늘'을 진단할 수 있게 해준다」 발표

6월 대담 「역사를 쓰는 방법에 대하여」 발표

8월 『지식의 고고학』 초고 완성

9월 논문 「포르루아얄 학파의 '일반문법'」 발표. 대담 「푸코 교수, 당신은 누구인가?」 발표

10월 미술에 대한 「말과 이미지」 발표

11월 '마그리트에 대한 작은 책' 완성. '마네의 회화'에 대한 강연

1968년

1월 마그리트에 대한 글 「이것은 파이프가 아니다」 발표

2월 튀니스대학에서 '이탈리아의 회화 전통'에 대한 강연

3월 『말과 사물』을 둘러싼 사르트르 등과의 논쟁. 인터뷰 「미셸 푸코와의 인터뷰」 발표

5월 「어떤 질문에 대한 대답」 발표

5~6월 파리의 68년 5월 혁명

여름 「과학의 고고학에 대하여: 인식론 서클에 답한다」 발표

여름과 가을 학회와 휴가 등으로 잠시 귀국한 틈을 타 파리에서 클로드 본푸아와 10여 차례의 대담

10월 27일 프랑스로 귀국

11월 알랭 바디우에게 『지식의 고고학』 수고의 일부를 맡김

12월 뱅센 실험대학의 철학교수로 임용

1969년

연초 17세기 포르루아얄 학파의 『일반이성문법』에 「서문」을 수록. 논문 「17세기의 의사, 판사, 마법사」 발표

1월 뱅센 실험대학 점거에 적극 가담, 경찰에 체포되어 유치장에서 하룻밤을 보냄. 「막심 드페르」 전시에 붙이는 도록에 수록

2월 「저자란 무엇인가?」 발표

3월 『지식의 고고학』 출간

3~4월 들뢰즈의 『차이와 반복』에 대한 서평 「아리아드네, 목을 매달다」 발표

　이상을 찬찬히 살펴보면, 대담의 성격을 정확히 이해하기 위해서는 『지식의 고고학』에 대한 이해가 필수적임을 알 수 있다. 『지식의 고고학』은 『말과 사물』의 방법론적 전제들을 검토·보완, 재구성한다는 목표를 갖는다. 『지식의 고고학』은 한마디로 방법론적 저작이다. 『말과 사물』은 노동·생명·언어의 세 영역에서 유럽 16~20세기에 이르는 시기 동안 이루어진 에피스테메의 변천을 다룬다. **에피스테메**란 '주어진 특정 지역·시기에서, 모든 지식이 그것을 중심으로 이루어지면 작동·재생산되는 인식론적 장, 곧 지식의 축'이다. 따라서 『말과 사물』이 실증적 사례를 중심으로 작업한 연구서라면, 『지식의 고고학』은 『말과 사물』에서는 (암묵적으로 전제되어 나타나던) '에피스테메와 지식의 고고학이라는 방법론의 조건과 한계를 검토하는' **방법론적** 저작이다. 『지식의 고고학』은 에피스테메를 언표로 대치한다. 언표란 계열을 이루며 담론을 구성하는 것이다. 거꾸로 말하면, 담론은 '동일한 계열에 속하는 언표들의 집합'이다. 언표란 구조주의적·언어학적 용어다. 그리고 담론은 물론 니체주의적 함축을 갖는 용어다. 따라서 언표라는 용어의 실제 내용을 담론으로 정의한 『지식의 고고학』이후 푸코는 언표라는 용어를 더 이상 사용하지 않는

다. 이는 1970년의 취임강연 제목이 '언표의 질서'가 아닌, '담론의 질서'라는 사실에서 단적으로 드러난다. 결국, 에피스테메를 언표로 대치하며, 언표의 조건과 한계를 살핀 『지식의 고고학』의 결론은 언표 개념의 파기, 그리고 담론 개념의 본격적 등장이다. 『지식의 고고학』은 푸코가 구조주의적·언어학적 용어인 에피스테메와 언표를 넘어, 니체주의적 담론 분석으로 옮겨 가는 이행을 가능케 한 분석을 담고 있다. 단적으로, 『지식의 고고학』은—역설적으로, 제목과는 상응/상반되게도—'지식의 고고학'을 다루면서도 그것을 넘어, '권력의 계보학'으로 옮겨 가는 이행을 가능케 한 저작이다.[2] 『지식의 고고학』은 『말과 사물』을 잇는/잊는 책이다.[3]

3. 글쓰기와 진단: 구조주의와 니체주의

이에 비해 1971년 출간된 『담론의 질서』는 이른바 '구조주의적' 함축을 말끔히 털어 버리고 니체주의적 **힘관계**relations de forces를 명백히 선언한 또 하나의 **방법론적** 저작이다. 『담론의 질서』는 권

---

2 이를 기존의 '연속/단절'이라는 양자택일적 이분법의 틀로 보아서는 안 된다. 푸코는 차라리 늘 잊으며/잇는 '확장'의 길을 택했다. 앞선 각주의 책들을 참조하라.

3 보다 자세한 것은 다음을 참조하라. 허경, 『미셸 푸코의 『지식의 고고학』 읽기』, 세창, 2016. 특히 1장 「들어가면서: 『지식의 고고학』의 일반적 특성」과 2장 「『지식의 고고학』: 『말과 사물』을 잇는/잊는 책」을 보라.

력의 계보학 시기를 여는 책이다. 그러나 물론 1968년 여름과 가을에 이루어진 이 대담에는 이러한 권력의 계보학이라는 측면이 거의 드러나지 않는다. 일례로, 이 대담에는 '권력' 또는 '계보학'이라는 용어가 한 번도 등장하지 않는데, 이는 1968년 여름과 가을까지만 해도 푸코가 여전히 지식의 고고학 또는 글쓰기의 문제에 집중하고 있으며, 아직 권력의 계보학을 향한 결정적 이행의 발걸음을 내딛지 않았음을 의미한다. 다만 이 대담에서 권력 계보학의 핵심을 이루는 사상가인 니체가 7~8회 가량 인용되고 있는데, 이는 푸코의 니체 인용이 1961년 『광기의 역사』 이후 정도의 차이일 뿐 푸코의 저작 안에서 늘 관찰되는 상수라는 점에서, 더하여 이러한 니체의 인용도 '글쓰기'와 '진단'이라는 두 측면으로 엄격히 한정되어 나타난다는 점에서, 여전히 부분적인 채용임을 알려 준다.

물론 이 '글쓰기'와 '진단'이라는 용어는 각기 '구조주의 언어학'과 '니체주의적 힘관계'를 대변하는 두 개의 키워드이기도 하다. 지식의 고고학 시기, 곧 푸코의 1960년대는 1961년의 『광기의 역사』 이래 텍스트/이미지, 언표가능성/가시성 사이의 **이중의 놀이**jeu du double에 의해 규정되기 때문이다. 이 텍스트/이미지의 놀이는 지식 고고학의 방법론이 보이는 가장 큰 특징 중 하나로, 사실상 문학/미술의 놀이에 다름 아니다. 그리고 푸코가 1969년의 『지식의 고고학』에서 비판적으로 검토·폐기하는 것이 바로 이러한 텍스트/이미지, 문학/미술의 이분법이다. 이는 1969년의 『지식의 고고학』 이후, 보다 명시적으로는 1971년의 『담론의 질서』 이후, 푸코가 죽을 때까지 문학 또는 미술에 대해 더 이상 **거의** 이야기하지 않는다는 사실에서 극적인 형태로 드러난다.[4] 그리고 이 대담의 주제이기도 한 푸코의 글쓰기는 바로 이런 맥락에서 읽혀야 한다. 1968년 여름과 가을에 이루어진 이 대담은 1966년 『말과 사물』을 발표한 푸코가 1961년 『광기의 역사』 이래 유지해 오던 텍스트/이미지, 문학/미술, 언표가능성/가시성 사이의 '이중의 놀이'에 대해 이야기하는 마지막 텍스트, **백조의 노래**, 또는 반대편에서 바라보면, 니체적 **진단**에 대해 말하는 첫 번째 텍스트, 여명의 노래다.[5]

---

4 푸코는 이후 글쓰기라는 용어를 거의 사용하지 않으며, 다만 사망하기 조금 전인 80년대 초반 강의록 등에서 **주체화** 및 자기 형성을 위한 기법, **자기의 테크놀로지**로서의 글쓰기에 대해 언급할 뿐이다. 다음을 참조하라. 미셸 푸코, 『주체의 해석학: 1981-1982, 콜레주 드 프랑스에서의 강의』, 심세광 옮김, 동문선, 2001. 특히 스토아주의자 세네카(Lùcius Annaeus Seneca, BC4~AD65)와 글쓰기, 곧 **휘폼네마타**(hupomnêmata)를 다루는 385~390쪽을 보라. 같은 1982년 이루어진 강연으로 역시 세네카와 글쓰기를 다루는 다음도 참조하라. 미셸 푸코, 『자기의 테크놀로지』, 이희원 옮김, 동문선, 1997, 51~56쪽.

5 물론 푸코가 진단에 대해 이야기하는 첫 번째 텍스트는 1966년 10월의 텍스트이고("Message ou bruit?", DEQ, vol.1, pp.585~588), 본격적으로 이야기하는 최초의 텍스트는 1967년 9월의 대담이므로("Qui êtes-vous, professeur Foucault?", DEQ, vol.1, pp.629~648), 1968년의 이 대담은 정확히는 '초기 텍스트 중 하나' 정도로 표현되어야 할 것이다.

4. 글쓰기, 언어작용의 놀이

그렇다면 이 글에 나타난 푸코의 글쓰기란 무엇일까? 단적으로 그것은 **언어작용의 놀이**jeu du langage다. 잘 알려진 것처럼, 『말과 사물』을 발표하던 시기의 철학자 푸코는 이전 사르트르 등의 실존주의에 대한 반대를 통해 스스로의 정체성을 규정한다. 1966년 마들렌 샵살과의 인터뷰를 읽어 보자.

> **질문** 철학자로서의 사르트르는 무엇에 관심을 가졌습니까?
>
> **푸코** 간략하게 말해 본다면 더 이상 자신들과 동일시할 수 없어서 전통적 부르주아들이 부조리하다고 간주해 버린 한 역사적 세계에 대면하여 사르트르는 오히려 도처에 **의미**가 있다는 것을 증명하고 싶어 했습니다….
>
> **질문** 언제부터 당신은 의미에 대한 확신을 버리게 되었습니까?
>
> **푸코** 단절의 시점은 레비스트로스가 사회들에 대해서, 그리고 라캉이 무의식에 대해서 우리에게 **의미**란 아마도 일종의 표층적 결과, 혹은 반사나 물거품에 불과할지 모른다는 것을 보여 주었을 때, 그리고 우리 내부를 깊이 관통하는 것, 우리보다 앞에 있는 것, 시간과 공간 속에서 우리를 떠받치고 있는 것은 다름 아닌 체계라는 것을 보여 주었을 때부터입니다.[6]

푸코는 레비스트로스와 라캉을 주된 참조로 삼아 이를 개념에 대한 정열, 체계에 대한 정열이라고 부른다. 체계에 대한 정열은 사실상 언어작용에 대한 정열에 다름 아니다. 샵살과의 인터뷰는 다음처럼 이어진다.

> **푸코** […] 라캉의 중요성은 환자의 말과 신경증의 징후를 통해, 말을 하는 것은 주체가 아니라 **구조**이며 **언어작용의 체계 자체**système même du langage라는 것을 보여 준 데 있습니다…. 모든 인간의 존재 이전에 이미 **앎**savoir과 **체계**가 있었고, 우리는 그것을 재발견하기만….
>
> **질문** 그렇다면 누가 이 체계를 생산하는 겁니까?
>
> **푸코** **주체 없는 익명의 체계**système anonyme sans sujet란 도대체 무엇일까요? 누가 생각을 하는 걸까요? '**나**'le 'je'는 폭발하여 공중분해 되었습니다(동시대의 문학을 보십시오). 그것은 '**~이 있다**'il y a의 발견입니다. '**사람들이 있다**'il y a un on지요. 어떤 점에서 그것은 17세기의 관점입니다. 다만 차이점은 인간을 신의 위치에 놓는 것이 아니라 **익명의 사유**pensée anonyme, **주체 없는 앎**savoir

---

6 Michel Foucault, "Entretien avec Madeleine Chapsal", *La Quinzaine Littéraire*, no.5, 16 May 1966; DEQ, vol.1, pp.541~546. 다음에서 재인용. 디디에 에리봉, 『미셸 푸코, 1926~1984』, 박정자 옮김, 그린비, 2012, 288쪽.

sans sujet, **동일자 없는 이론적인 것**théorique sans identité 등을 신의 위

치에 놓는 것이지요.[7]

이상의 인용, 곧 『말과 사물』이 발간된 1966년의 인터뷰에

등장하는 이 용어들, 곧 구조, 언어작용의 체계 자체, 앎, 체계, 주

체 없는 익명의 체계, ~이 있다, 사람들이 있다, 익명의 사유, 주

체 없는 앎, 동일자 없는 이론은 모두 '어떤 것'을 지칭하는 여러

개의 다른 표현들이다. 이 어떤 것을 우리는 뭉뚱그려 언어작용

이라고 부르기로 하자. 언어작용은 주체가 말하는 것이 아니라,

그 작용을 통해 주체가 말할 수 있게 되는 것, 그 작용을 통해 주

체가 탄생하는 것, 달리 말해 주체가 탄생하기 이전에 먼저 존재

하면서 주체를 낳아 주는 것, 곧 구조 또는 체계, 보다 정확하게

는 주체 없는, 따라서 익명의 체계, 곧 주체 없는 익명의 체계, 주

체 없는 앎, 동일자로 가정되는 주체가 없는 이론적인 것이다. 이

때 말하는 것은 내가 아니며, 익명의 사람들 곧 언어작용 그 자체

다. 주체가 말하는 언어가 아니라, 주체를 만들어 내는 언어작용

이다.[8]

---

7 디디에 에리봉, 『미셸 푸코, 1926~1984』, 288~289쪽. '사람들이'를 제외한 모든 강조
  는 옮긴이 추가이며, 번역을 약간 수정했다.
8 언어작용과 문학이 맺는 관계 일반에 대해서는 역시 필립 아르티에르가 판본을 확정

그리고 이것은 17세기와 비슷한데, 이를 이해하기 위해서는 『말과 사물』의 주요 시기 구분을 이해해야 한다. 본서 67~68쪽 각주에서 이미 설명했지만, 푸코에 따르면 16세기 이래 20세기 중반까지 유럽은 에피스테메의 측면에서 단 두 번의 인식론적 단절만을 겪었다. 달리 말해, 유럽은 16~20세기 동안 세 개의 시기가 존재했다. 첫 번째 시기가 16세기 초부터 17세기 중반에 이르는 르네상스(유사성)이고, 두 번째 시기가 17세기 중반에서 18세기 말 19세기 초에 이르는 고전주의(재현작용), 세 번째 시기가 이때부터 이어지는 근대(역사/인간)다. 이들 시기는 대략 150년 정도를 주기로 변화하는데, 이렇게 보면 1775~1825년, 곧 대략 1800년경에 시작된 근대는 150년이 지난 1950년 또는 1925~1975년 사이에 끝이 난다, 또는 끝이 나야 한다. 『말과 사물』은 두 개의 단절, 곧 세 개의 시기를 말하고 있지만, 푸코가 이를 말하고 있는 이유는 이제 세 번째 단절과 네 번째 시기가 와야 한다는 주장을 펼치기 위해서다. '끝나야 하는, 또는 이미 끝난' 근대의 시기는 역사 또는 인간의 시기, 인간학의 시기다. 그

한 다음을 참조하라. Michel Foucault, *La grande étrangère: À Propos de littérature*, eds. Philippe Artières, Jean-François Bert, Potte-Bonneville and Judith Revel, Éditions de l'EHESS, 2013; 미셸 푸코, 『문학의 고고학: 미셸 푸코의 문학 강의』, 허경 옮김, 인간사랑, 2015. 특히 2부 「문학과 언어」를 보라.

런데 푸코에 따르면, 근대의 인간은 고전주의의 재현작용 또는 근대 이후의 언어작용과 양립 불가능하다. 단적으로, 주체로서의 인간과 언어작용은 양립 불가능하다. 그러므로 이는 '어떤 의미 에서는 17세기의 관점'이다.

5. 언어작용이 남긴 백조의 노래

푸코는 『광기의 역사』부터 1976년의 『성의 역사 1: 지식의 의지』 에 이르기까지 오직 배타적으로 '근대'의 시기만을 연구하는데, 이는 근대를 옹호하기 위해서가 아니라, 파괴하기 위해서다. 이 는 마치 마르크스가 자본주의를 (근원적으로) 파괴하기 위해 자 기 작업의 거의 대부분을 자본주의 분석에 할애한 것과 유사하 다. 이러한 시기 구분이 거친 형태로 처음 등장한 것은 1961년의 『광기의 역사』고, 정밀한 형태로 제공된 것이 1966년의 『말과 사 물』이다. 큰 틀에서 보면, 푸코는 기본적으로 이러한 시기 구분을 자신이 사망하던 1984년까지 유지한다. 다만 푸코는 권력의 계 보학으로 특징지어지는 1970년대에 들어서면서, 이전 지식의 고 고학 시기의 특성, 이중의 사유를 파기한다. 푸코가 (텍스트/이미 지로 이루어지는) 이중의 사유를 파기했다는 것은 푸코가 더 이상 문학/미술에 대해 말하지 않는다는 것을 의미한다.

글쓰기는 이 대담에서 빈 공간, 죽음, 익명, 공간, 언어작용

등과 연결되면서, 결국 푸코가 이듬해인 1969년 2월에 프랑스 철학회에서 발표한 글 「저자란 무엇인가?」라는 질문을 예비하는 것으로 귀결된다. 푸코가 발표한 논문의 제명이기도 한 질문의 형식에 주목하라. 논문의 제목은 「저자란 누구인가?」가 아닌, 「저자란 무엇인가?」다. 이에 대한 푸코의 대답은 저자란 저자-기능fonction-auteur이라는 것이다. 이는 전통적인 저자 중심주의도 아니고, 이에 대한 대응으로 나온 독자 중심주의도 아니며, 양자 사이의 텍스트 중심주의마저도 아닌, 저자·독자·텍스트 모두가 속하는 장, 저자·독자·텍스트 모두를 탄생시킨 장, 저자·독자·텍스트가 서로 **동시적**·**상관적**으로 생성되는 장, 곧 익명성의 구조, 익명의 언어작용이 작동하는 체계를 지칭한다. 이제 우리는 이 글의 제목이기도 한 맨 처음의 질문으로 돌아왔다. 글쓰기란 무엇인가? 글쓰기란 언어, 곧 언어작용의 두 갈래, 말과 글의 한 영역이다. 글쓰기란, 글쓰기 행위보다는 차라리 글쓰기 작용이다. 우리가 읽은 글쓰기에 대한 푸코의 대답은 앞서 말했듯, 이 언어 또는 언어작용이 부르는 마지막 백조의 노래다.

2021년 4월 9일
일산 노루목길에서
허경

필립 아르티에르의 해설[1]
말의 체험을 만들기

알랭 크롱베크를 기억하며

푸코의 사유가 수용된 역사를 살펴보면, 마치 알튀세르의 경우에 [자서전] 『미래는 오래 지속된다』[2]의 출판이 그랬던 것처럼, 『광기의 역사』의 저자가 쓴 책들을 읽는 방식, 그리고 보다 일반적으로는 푸코의 사유 방식을 검토하는 방식을 지속적으로 변형시키는 데 기여한 일련의 사건들이 발생했다. 우선, 1995년 여

---

1 필립 아르티에르(Philippe Artières, 1968~)는 프랑스의 역사학자로, 국립과학연구센터(Centre national de la recherche scientifique, CNRS)의 연구담당 책임자다. 1995~2014년까지 미셸 푸코 센터의 소장을 지냈고, 푸코와 관련된 다음의 저작을 저술 또는 편집했다. Philippe Artières and Mathieu Potte-Bonneville, *D'après Foucault: Gestes, luttes, programmes*, Paris: Les Prairies ordinaires, 2007; Philippe Artières and Jean-François Bert, *Un succès philosophique: L'Histoire de la folie à l'âge classique de Michel Foucault*, coll. Philosophie, Caen: Presses Universitaires de Caen, Institut Mémoires de l'édition contemporaine(IMEC), 2011; Philippe Artières et al., *La Révolte De La Prison De Nancy 15 Janvier 1972*, Point du Jour, 2013.

2 원주: Louis Althusser, *L'avenir dure longtemps*, Paris: Éd. de l'IMEC-Stock, 1992. [루이 알튀세르, 『미래는 오래 지속된다』, 권은미 옮김, 이매진, 2008.]

러 권으로 된 『말과 글』의 발간은 푸코의 말을 증언하고 있다. 돌연 프랑스의 독자들은 이미 발간된 대담, 학회 발표문, 선언문, 발언 등을 모은 이 책을 통해 푸코가 남긴 흔적의 전모를 파악하게 되었다.[3] 다양한 번역과 편집본을 모은 이 책은 많은 사람들에게 알려지지 않은 푸코의 모습을, 또 다른 사람들에게는 망각되고 억압된 푸코의 모습, 곧 공적 공간에 있어서의 새로운 발언 형식을 창안해 내는 참여 지식인의 모습, 자신의 사유를 끊임없이 비판하는 사유하는 지식인의 모습을 생성하는 데 기여했다. 많은 책을 쓴 저자로서의 미셸 푸코 곁에는 또 한 명의 푸코, 보다 짧은 기간 동안 지속되는 행동하는 푸코가 나란히 존재한다. 철학자의 행위가 가졌던 이러한 이중적 측면이 드러나자 매우 흥미로운 수용의 결과가 나타났다. 많은 사람들이 피에르 부르디외[4]에 의해 시작된 것으로 간주했던 특수[전문] 지식인intellectuel

---

3 원주: Michel Foucault, *Dits et écrits*, 4 vols., eds. Daniel Defert, François Ewald and Jean Lagrange, Paris: Gallimard, 1994. [푸코의 저술에 포함되지 않은 대담, 서문, 선언문, 토론 등을 망라한 이 모음집은 1994년에 4권으로 발간되었고(원서의 1995년은 오류다), 이후 2001년에 앞서 인용해 왔던 2권으로 된 동명의 보급판(DEQ)이 발행되었다. 이 모음집에는 그간 프랑스어 독자들은 접근할 수 없었던 일어, 포르투갈어, 독일어, 영어 대담 등이 포함된 다양한 자료의 프랑스어 번역이 실려 있다.]

4 원주: 부르디외(1895~1969)에 대한 푸코의 영향은 특히 정치적 프로젝트 '행동할 이유'(Raison d'agir)와 관련하여, 부르디외 자신에 의해 여러 차례 강조된 바 있다. 특히 다음을 보라. Pierre Bourdieu, "La philosophie, la science, l'engagement", ed. Didier Eribon, *L'infréquentable Michel Foucault: Renouveaux de la pensée critique, Actes du colloque au Centre Georeges-Pompidou, 21~22 juin 2000*, Paris: EPEL, 2001,

spécifique 관념의 현실화가 푸코의 모습 안에서 실제 특별히 현실화된 형태로 발견된 것이다.[5] 다양한 대담과 원탁회의 토론 등이 담긴 『말과 글』의 발간은 우리 동시대의 투사들이 ― 성적 정체성의 선언, 세계적인 규모로 이루어지는 사회 포럼에의 참여와 같은 ― 푸코의 주요 개념을 일정한 거리와 함께 받아들이는 데에 큰 도움을 준다.

나아가, '고등연구' 총서[6]에서 1997년부터 발간되고 있는 푸코의 1971~1984년 콜레주 드 프랑스 강의록 시리즈는 1984년 사망한 이후 출판된 푸코 저술의 분량을 점차 두 배가량 늘리면서, 전 세계의 다양한 언어로 번역되고 있다. 푸코의 강의록은 이

---

pp.189~194.

5 푸코는 지식인을 그 참여 방식에 따라 전통적인 보편적 지식인(intellectuel universel)과 새로운 종류의 특수(전문) 지식인으로 나누었다. 전자는 볼테르로부터, 졸라, 사르트르로 이어지는 지식인으로 보편적인 인권의 개념을 가지고 자신의 전문 분야가 아닌 일, 또는 충분한 지식과 경험을 갖지 못한 분야에 대해서까지도 적극적으로 의견을 표명하는 지식인들이다. 평생을 철학적 '보편성' 개념의 파괴에 바친 푸코는 보편적 지식인이라는 용어 역시 비판적 의미로 사용한다. 후자의 지식인은 핵물리학자 오펜하이머로 대표되는 지식인으로 일반인은 접근하기 어려운 영역에 자신의 전문적인 지식을 통해 발언하는 지식인이다. 핵물리학자로서 미국의 원자탄 개발에 지대한 공헌을 세운 오펜하이머가 이러한 일의 위험성을 깨닫고 자신의 전문적 지식과 경험을 바탕으로 핵무기 개발에 반대하는 입장으로 돌아서 투쟁한 것을 말한다. 프랑스의 사회학자이자 참여 지식인인 피에르 부르디외는 1931년생으로, 1926년생인 푸코의 파리고등사범학교 후배이자 제자다. 일반적으로 푸코는 부르디외 사회학의 구성에 중요한 영향을 미친 학자 중 하나로 받아들여지고 있다.

6 원주: Gallimard - Le Seuil - Éditions de l'EHESS.

제까지 다만 카세트테이프 또는 거칠게 이루어진 필사본 등의 형태로 그 일부만을 구해 볼 수 있었다. 교육자 푸코는 이제까지 무시되고 오해된 부분이었거나, 또는 대중과의 공유에는 큰 관심이 없는 일부 전문가들만이 알 수 있는 특권적 영역에 속하고 있었다. 그런데 강의록의 출판은 이런 측면을 일신하면서, 푸코의 강의를 직접 들을 수 없었던 21세기 초의 독자들에게 단순히 한 강의, 한 수업이 아니라, 그 전개 방식 자체를 통해 하나의 가르침을 선사하고 있다. '개입한다intervenir는 것은 무엇인가?'[7]라는 이전의 질문에 '가르친다enseigner는 것은 무엇인가?'라는 새로운 질문이 덧붙여진 것이다.

더하여, 이런 두 가지 사건은 사람들에게 이 철학자의 여정에 나타난 말의 집합체가 보여 주는 다양성, 그리고 이를 통하여, 말로 이루어진 담론의 집중된 힘을 증명하고 드러냈다. 달리 말하면, 이는 푸코에게 있어 말의 포착이라는 전략만이 아니라, 더하여 그리고 특히, 말의 윤리를 향한 탐구가 어떤 방식으로 존재하는가, 그리고 푸코에게 이러한 기획이 얼마나 지속적인 것이었는가를 보여 준다. 이러한 여정의 가장 아름다운 증거는 의심의 여지 없이 푸코의 마지막 강의주제였던 '진실을 말하기'dire vrai

---

7 intervenir와 그 명사형 intervention은 보통 (정치적) 개입, 곧 '참여(하다)'를 의미한다.

에 대한 철학적 질문이다. 우리는 비평가 클로드 본푸아와 함께
한 이 대담이 이와 동일한 지반 위에 기입된 것이라 믿는다. 『말
과 사물』 출간 직후에 이루어진 이 대담은 언어작용의 체험을 만
드는faire une expérience de langage 작업에 착수한다.

말의 포착에 관계된 이런 실천은 클로드 모리악이 자신의
일기에서[8] 대화, 통화, 대담, 정찬과 토론의 복원을 통해 보여준
환상적인 연대기 작가의 사례를 연상시킨다.[9] 푸코의 대담 역시
고유할 뿐만 아니라, 대부분의 경우, 깊이 있게 조절되어 있다.
이 철학자는 자기 언어 행위gestes de langage의 지리학, 가령 사르트
르, 에마뉘엘 레비나스 또는 자크 데리다의 그것과는 전혀 다른,[10]
언어 행위의 지리학을 펼쳐 보인다.[11] 자동차 위에 올라선 노동자

---

8 프랑스의 작가·언론인이었던 클로드 모리악(Claude Mauriac, 1914~1996)은 1952년 노
벨 문학상 수상자인 프랑수아 모리악(François Mauriac, 1885~1970)의 아들로서 평생
에 걸친 일기로 유명한 인물이다. 『움직이지 않는 시간』(Le Temps immobile, 1951~1988)
16권, 『이루어진 시간』(Le Temps accompli, 1991~1996) 4권 등 총 20권으로 이루어진 일
기는 만 12살이던 1925년부터 사망하던 1996년까지 대략 70여 년의 시기를 다룬다.
9 원주: Claude Mauriac, Le Temps immobile 3(Et comme l'espérance est violente), Paris:
Grasset, 1976.
10 푸코의 평전을 쓴 디디에 에리봉이 푸코 앞에서 꺼내서는 안 되는 이름으로 사르트르
와 보부아르를 들고 있을 만큼, 푸코는 사르트르의 철학적 스타일을 싫어했고, 자신이
'지적 테러리즘'으로 간주했던 마르크스주의와 (공산주의에 경도된) 후기 사르트르의 그
것과는 다른 방식을 고안하기 위해 노력했다. 디디에 에리봉, 『미셸 푸코, 1926~1984』,
446쪽. 색인의 사르트르 항목을 보라.
11 원주: Jeanette Colombel, "Contrepoints poétiques", Critique, August-September 1986,
pp.471~472; Jeanette Colombel, Michel Foucault, Paris: Odile Jacob, 1994.

들을 향해 말을 건네던 철학자[12]와 스스로를 구분함으로써, 푸코는 분명 60년대 프랑스 지식인의 고유한 실천과는 단절되는 말의 활용 방식, 무엇보다도 철학자로서 자신의 작업에 부합하는 새로운 말의 활용 방식을 창조했다. 말하기란 푸코에게 특정한 담론의 질서에 기입되는가 아닌가의 문제이자, 동시에 이러한 행위 자체를 통해 실천을 문제화하는 것이었다. 우리는 이제 오늘날 왜 그렇게 많은 희곡작가와 연극인 들이 푸코에 관심을 갖는지 이해할 수 있다.[13] 푸코에게 말하기는 끊임없이 하나의 새로운 무대, 근본적으로 정치적인 무대를 다시금 발명하는 일이다.

이러한 목소리의 지리학, '목소리 표기법'audiographie은 이전과는 매우 다른 공적 언어 행위로 구성되는데, 우리는 그 크기에 따라 이러한 언어행위의 간략한 위상학을 제시해 볼 수 있을 것이다. 우선, 교육에 의해 부과되는 일군의 말들(세미나, 강의, 소통, 학회), 다음으로 과학적·정치적 토론(원탁회의, 대화, 대담, 회담), 이어서 선언(회의의 개입, 시위, 회합. 그러나 푸코가 전적으로 저항했던 논쟁적 교환은 이에 속하지 않는다), 의무로서 부과되는 발언(아그레

---

12 사르트르를 의미한다.

13 원주: 이에 대한 예로는 푸코에 관한 작품으로 2009년 오데옹 극장상 청년 부문(le prix du jeune Théâtre Odéon)을 수상한 F71 집단(collectif F71)과 그들의 정치적 발언을 들 수 있을 것이다. [F71 홈페이지(http://www.collectiff71.com/) 대문에는 푸코를 상찬하는 들뢰즈의 말이 걸려 있다.]

가시옹[14]의 의무강의, 심문, 소환 및 위원회에서의 오디션)이 있다.

이런 목소리의 지리학은 각기 자신의 장소를 갖는다. 어떤 장소는 대학의 대강의실, 라디오 방송국의 스튜디오처럼 제도적으로 기대되는 것들이다. 또 다른 장소는 지식인과 권력에 대한 대화가 있었던 질 들뢰즈와 파니 들뢰즈Fanny Deleuze 부부가 살던 파리의 가정집 부엌처럼 엉뚱한 곳이다. 푸코가 모리스 클라벨[15]과 대화를 나누었던 곳은 베즐레였던가? 샤를르 III 감옥prison Charles III[16]의 봉기가 있었던 직후의 낭시 길거리, 또는 파리 구트도르Goutte d'Or의 비탈길 역시 언급해야만 할 것이다.

우리가 방금 읽은 대담에서, 푸코는 『예술』*Arts*지의 문학비평가 클로드 본푸아의 질문에 대답한다. 몇 차례에 걸쳐 이루어진 이 일련의 대담은 1968년 여름과 가을에 파리 독퇴르-핀레Docteur-Finlay가에 있는 푸코의 집에서 이루어졌을 확률이 높다(푸코가 사망할 때까지 살았던 보지라르가의 아파트는 푸코가 [1968년 말] 튀니지

---

14 프랑스의 중등 및 고등 교육기관의 교사·교수 — 프랑스에서는 양자 모두 pro-fesseur(교수)로 부른다 — 자격취득을 위한 시험을 지칭하는 말이다.

15 모리스 클라벨(Maurice Clavel, 1920~1979)은 프랑스의 언론인·작가·철학자다.

16 프랑스 동부 로렌주의 도시 낭시 북서부에 위치한 교도소 이름. 1972년 교도소에서 봉기가 일어났고, 푸코는 자신이 조직한 감옥에 관한 정보그룹(Groupe d'information sur les prisons, G.I.P.) 및 사르트르 등과 함께 이를 지지하는 활동을 벌였다. 이 해설을 쓴 필립 아르티에르의 다음 책을 보라. Philippe Artières et al., *La Révolte De La Prison De Nancy 15 Janvier 1972*.

에서 돌아온 이후에 구입한 것이다).[17] 여러분이 손에 들고 있는 이 책은 이 대담 중 첫 번째 만남의 녹취를 전사한 것이다.

이러한 지리학은 푸코의 문서고에 다소간 깊은 흔적을 남겼다. 이에는 (예를 들면, 브라질, 일본, 캐나다에서 행한 콘퍼런스, 그리고 특히 콜레주 드 프랑스 강의를 담은) 카세트테이프에 담긴 거친 녹음들, 또는 푸코에 의해 확정된 (『말과 글』에 수록된 다양한 대담 등과 같은) 텍스트, 더하여, 푸코가 발언을 위해 적어 둔 수고, (예를 들면, 푸코가 파리 윌름가 고등사범학교에서 복습강사로 강의하던 시절의) 기록자들(대부분 학생들)에 의해 남겨진 노트 등이 속한다. 그리고 푸코가 대중에게 발언하고 있는 유일한, 그러나 결코 침묵하지 않는, 유명한 클리세가 되어 버린 사진이 있다. 1971년 파리 구트도르에서 촬영된 이 사진에서 푸코는 클로드 모리악, 장 주네와 앙드레 글뤽스만[18]에 둘러싸여 손에 메가폰을 들고 발언하고 있다. 때로 그것들은 흔적을 남기지 않았고, 60년대의 [루마니아의 수도] 부쿠레슈티 또는 1969년 소르본의 경우처럼 침묵으로 돌아가 버렸다.[19] 그날 푸코는 법정에서 무엇이라 말했던

---

17 푸코는 '15지구 보지라르가의 아돌프 셰리우 광장 앞 현대식 아파트 9층에' 정착했다. 디디에 에리봉, 『미셸 푸코, 1926~1984』, 329~330쪽.

18 프랑스의 철학자인 앙드레 글뤽스만(André Glucksmann, 1937~2015)은 이른바 '신철학자들'(nouveaux philosophes) 중 한 명이다.

19 원주: 다음을 보라. Élie Kagan, Alain Jaubert and Philippe Artières, *Michel Foucault,*

가? 이제 더 이상 아무도 모른다. 클로드 본푸아와의 대담이 흥미로운 것은 바로 이런 면에서다. '미셸 푸코 센터를 위한 위원회'Association pour le Centre Michel Foucault에 보관된 자료는 이 대담을 타이프라이터로 친 것이다. 이 자료는 아마도 클로드 본푸아의 작업일 것으로 생각되는데, 본푸아 또는 푸코에 의한 어떤 교정도 가해져 있지 않다. 원본 녹음테이프는 사라져 버렸다. 목소리가 사라진 것이다. 2004년, 푸코의 사망 20주년을 맞아, 알랭 크롱베크[20]와 다니엘 드페르[21]와 함께 우리가 낸 아이디어에 따라, 라디오프랑스가 이 대담에 목소리를 입혀 '아틀리에 푸코'Atelier Foucault라는 이름으로 2차례에 걸쳐 방송했다. 푸코의 목소리는 '코메디 프랑세즈' 소속 배우 에릭 뤼프Éric Ruf가, 본푸아의 목소리는 피에르 라망데Pieree Lamendé가 맡았다. 이 낭독의 녹음은 같은 해 갈리마르 출판사에서 시디로도 나왔다. 일간지 『르 몽드』는 2004년 가을 축제 특집호에서 이 시기[1968년] 푸코의 사진과 함께 이 대담의 앞부분을 실었다.

매우 이질적인, 대개 간략한, 이 자료들은 우리 앞에, 상황에

Une journée particulière, Lyon: Ædelsa. 2004.

20 알랭 크롱베크(Alain Crombecque, 1939~2009)는 아비뇽 연극 페스티벌의 책임자를 맡았던 프랑스의 연극배우, 공연기획자다.
21 사회학자 다니엘 드페르(1937~)는 그들이 만난 1960년대 초 이래 푸코가 사망할 때까지 함께 한 동성 배우자다.

따른 것이 아닌, 푸코의 기획에 밀접히 연관된 하나의 지도를 그려 보인다. 지식인 푸코의 여정에서, 언어작용이라는 사건의 대부분이 푸코 자신의 삶의 여정 및 (이 여정을 밝혀 주는) 역사적 맥락에 연결되어 있음은 당연한 것이다. 따라서 우리는 1968년이라는 시대가 학생, 노동자 그리고 지식인의 발언이 강렬한 형태로 나타난 예외적인 시기였음을 기억해야만 한다.[22]

우리는 대담과 언론과의 회견이라는 두 실천이 이러한 푸코의 상황을 잘 보여 주는 사례들이라고 믿는다. 우리는 푸코가, 자신의 다양한 책들을 통해, 예를 들면 『지식의 고고학』 마지막 부분에 등장하는 것과 같은 대화를 도입함으로써, 일의적인 담론을 파괴한 방식을 잘 연구해야 할 것이다. 우리는 푸코가 자신의 인용문을 소리 높여 즐겁게 읽거나 특정한 제스처를 사용하는 등의 방법을 통해 콜레주 드 프랑스 강의를 이끌어 갔던 방식을 분석해야 한다. 우리는 결국 1960년대 '프랑스-문화'France-Culture 라디오에서 방송되었던 독백 형식의 푸코 강의에 대해 분석해야 한다.[23] 우리가 대담과 언론과의 회견에 집중하는 이유는 이 두

---

22 원주: Michel de Certeau, *La prise de parole*, Paris: Éd. du Seuil, 1994.
23 원주: 예를 들면, 우리는 이를 다니엘 드페르가 편집한 다음의 시디에서 들을 수 있다. Michel Foucault, *Utopie et Hétérotopie*, ed. Daniel Defert, 1 CD, Paris: INA, 2004. [헤테로토피아에 관한 이 프랑스어 강의는 유튜브에서도 들을 수 있다.]

실천의 규칙이 고정되어 있으며, 또한 푸코가 본푸아와 함께한 체험의 성격을 명확히 해주기 때문이다. 이 대담에서 푸코는 이러한 발언의 방식을 새롭게 발명하지 않으며, 다만 전복시킬 뿐이다.

언론과의 회견은, 이 대담 이후 몇 년이 지난 1971~1972년 푸코가 '감옥에 관한 정보그룹'에 참여하면서, 여전히 지속된다. 정보로부터 하나의 투쟁을 만들어 내려는 관심 안에 기입된 이러한 실천은 68혁명 이후 프랑스의 억압적 상황이라는 맥락 속에 자리 잡는데,[24] 이는 주요 극좌파 정치집단이 정부에 의해 모두 파괴되었기 때문이다. 푸코는 수고를 아끼지 않았고, 감옥 앞에서 수감자의 가족들과 대화를 하고, 태양극단Théâtre du Soleil의 배우들과 함께 변두리 집단주거지cité의 풍경을 그려 냈다. 푸코는 자신도 일찍이 경험하지 못했던 이러한 참여를 통해, 말의 수행이라는 체험을 만들어 내는 동시에, 철학을 수행적인 것으로 만들었다.[25]

언론과의 회견은 이런 실험적 실천에 속하지 않는다. 회견

---

24 원주: Philippe Artières, Laurent Quéro and Michelle Zancarini-Fournel, *Le groupe d'information sur les Prisons. Archives d'une lutte, 1970-1972*, Paris: Éd. de l'IMECm 2003.

25 원주: François Boullant, *Michel Foucault et les prisons*, Paris: PUF, 2003.

의 진행 방식은 극히 코드화되어 있으며, 보통은 자기 담론의 교대를 조화롭게 만들기 위한 권력에 의해 사용되는 발화prise de parole 장치를 구성한다. 기자들은 [프랑스] 공화국의 대통령 또는 장관의 언론 회견에 소환된다. 하나 또는 여럿의 인물이 기자들에게 자신의 입장 또는 사건에 대한 정보를 제공하는 이런 회견은 대개의 경우 주재자의 발언 그리고 질의응답이라는 두 가지 요소로 이루어진다. 이에 관련된 무대 장치는 극도로 형식화되어 있으며, 교육을 위한 강의실의 무대 장치를 떠올리지 않을 수 없다. 주재자는 보통은 더 높은 곳에 위치한 탁자 뒤에 서 있고, 기자들은 그 앞에 놓인 의자에 앉아 있다. 말하기의 권력은 이곳에서 물리적 지배에 의해 배가된다. 미셸 푸코가 1971~1972년의 시기에, 그러니까 푸코가 콜레주 드 프랑스에 취임한 직후의 시기에, 집중한 것은 정확히 이러한 장치였다. 푸코는 말하기 권력의 이러한 무대 장치를 적어도 세 가지 방식으로 전복시켰다.

장마리 도므나크와 피에르 비달나케와 함께,[26] 푸코가 참여한 첫 번째 기자회견은 1971년 2월 8일 열렸다. 이 회견은 감옥

---

26 장마리 도므나크(Jean-Marie Domenach, 1922~1997)는 가톨릭 중도좌파 잡지 『에스프리』(*Esprit*)의 편집장을 지낸 프랑스의 작가다. 피에르 비달나케(Pierre Vidal-Naquet, 1930~2006)는 프랑스의 역사가로 정치와 역사에 관한 수많은 저술을 썼다. 이들은 모두 프랑스에 의한 알제리학살을 반대하며, 알제리의 독립을 지지한 인물들이다.

에 관한 정보그룹[27]의 출범을 알리는 자리였다. 선언문이 낭독되었고, 이는 곧 프랑스의 언론에 광범위하게 보도되었다. 이는 몽파르나스역에 있는 생베르나르 성당에서 열린 회견의 일부로, 수감된 마오주의 투쟁가들의 변호인단에 의해 조직되었다. 수감된 마오주의자들은 이미 몇 주째 정치범의 지위를 요구하는 단식투쟁을 벌이고 있는 상태였고, 이날의 회견은 단식의 중단을 알리는 회견이기도 했다. 따라서 이 회견은 법무부 장관 르네 플레븐René Pleven에 대한 승리의 말이 표명되는 것이기도 했으며, 더욱이 회견의 장소가 전혀 중립적이지 않은 장소, 곧 말에 관련된 또다른 권력의 장소, 종교적인 말의 장소인 성당이었다는 점에서도 특징적이다. 그런데, 이때 푸코는 무엇을 하고 있었는가? 푸코가 이 기자회견에 참여한 것은, 어떤 우회 또는 회복을 위해서가 아니라, 확장하기 위해서다. 푸코는 이로부터, 어떤 표명 또는 선언의 공간이 아닌, 주목의 공간을 만들어 낸다. 푸코는 감옥 안에서 어떤 일이 일어나는지, 무슨 일이 일어나고 있는지에 대한 조사가 시작되었음을 가리킬 뿐이다. 푸코는 승리의 말에, 느낌표와 물음표가 동시에 붙어 있는, 하나의 질문을 덧붙인다. 기자회견

---

27 감옥의 상황에 대한 개선을 목표로 하는 '감옥에 관한 정보그룹'은 푸코, 비달나케, 도므나크가 주도했고, 질 들뢰즈, 다니엘 드페르 등이 서명에 참여했다.

은 이렇게 해서 역전되고, 회견의 주재자가 객석에 질문을 던지게 된다. 말하는 이는 어떤 진실도 언표하지 않으며, 증거를 탐문할 뿐이다.

몇 달 후인 1971년 6월 21일 대학 강당에서 열렸던 기자회견은 전혀 다른 성격을 갖는다. 푸코는 이번에는 초대자들의 단상이 아니라, 소환의 주최자 중 하나다. 이 회견의 이슈는 우리가 조베르 사건affaire Jaubert이라 부르는 일에 연관된다. 조베르는 『누벨 옵세르바퇴르』의 기자로, 1971년 봄 담배 가게 옆을 지나다가 경찰에 의해 카리브해 출신Antillais 이민자들의 파리 집회 가장자리로 밀려났고, 그곳에서 행렬에 속해 있던 외국인 여성 부상자를 도와주었다. 그가 유치장에서 풀려나올 때, 비공식적인 조사위원회는 이날 일어났던 일에 대해 보고하면서, 내무부 장관은 조베르가 경찰들을 모욕하고 공격했다고 선언했다. 기자회견에는 『르 피가로』, 『르 몽드』, 『르 누벨옵세르바퇴르』 등과 같은 다양한 언론매체의 기자, 변호사, 그리고 푸코를 포함한 여러 지식인 들이 참여했다. 자크 라캉의 집에서 그보다 몇 주 전 열린 기자회견의 뒤를 이은 6월 21일의 기자회견은 위원회의 창립을 알렸는데, 클로드 모리악, 인권연맹Ligue des droits de l'Homme의 변호사 드니 랑글루아Denis Langlois, 질 들뢰즈와 미셸 푸코 등 4명의 연사가 참여했다. 이 사태를 계기로 발간된 작은 소책자 하나와 그 외 몇 장의 사진이 이 사건의 유일한 자료들이다. 연사들은 단순히 정보가 제공되지 않는 작동 방식을 비판했을 뿐만 아니라, 내무부 장관의 공식적 소통 전반에 걸친 말의 권력이 수행되는 방식을 분석했다. 아이러니하게도, 엄격한 텍스트의 설명에 의하면, 이 네 연사는 이런 자의적 발화의 메커니즘 자체를 파괴했다. 그들은 이에 반하여 증인들의 집단적 발화를 내세웠다.

이 사건이 일어난 지 거의 6개월이 흐른 후, 일련의 봉기가 감옥을 휩쓴다. 툴Toul의 넬 중앙교도소Centrale Ney의 봉기는 1971년 12월 초에, 이후로도 스무 곳에 이르는 프랑스 교정 기관에서 봉기가 일어났다. 수감자들은 폭동을 일으켜 감옥의 지붕을 몇 시간 동안 점령하고 구금 조건의 개선을 위한 구호를 외쳤다. 수감자들은 자신들의 조건에 대해 토론하고 결집하며 청원을 작성하고 사례를 증언했다. 그들은 말하기의 권력을 획득했다. 마찬가지로 감옥에 관한 정보그룹이 거칠게 조직한 기자회견이 1972년 2월 17일 늦은 오후, 방돔 광장의 법무부 장관 청사에서 열린다. 이는 전례 없는 상황의 무대였을까? 푸코는 마이크를 잡고, 플뢰리 중앙교도소의 수감자들이 쓴 글을 낭독한다. 달리 말해, 법[권리] droit의 언표 장소 자체인 법무부에서 철학자 푸코는 자신들의 권리를 박탈당한 이들의 목소리가 들리도록 만든 것이다. 푸코는 그들의 이름으로 말하지 않았고, 그들을 위해 말하지도 않았다. 푸코는 스스로를 그들의 전달자로 구축했다.

푸코는 대담을 통해 무엇보다 먼저 말의 수행을 실험했다.

우리는 푸코가 스웨덴, 폴란드, 서독, 그리고 마지막으로 튀니지로 이어지는 망명으로부터 프랑스에 돌아온 60년대 말 이후,[28] 프랑스는 물론 외국에서도 엄청난 대담 요청을 받았음을 안다.[29] 푸코는 대부분의 경우 이러한 요청을 받아들여 각종 잡지와 신문에 자신의 행동과 입장, 작업에 대해 설명했다. 그런데 이 다양한 대담 중에는, 철학이 점유하고 있는 권력의 박탈을 겨냥하는 말의 진실한 체험으로 인해, 눈에 띄는 네 개의 대담이 존재한다.

우리가 이 책에서 방금 읽은 글이 바로 이러한 내용을 담은 첫 번째 대담이다. 푸코가 『지식의 고고학』의 집필을 막 마치던 시기,[30] 클로드 본푸아는 벨퐁출판사에서 둘 사이의 대화를 담은 책을 출간하자는 제의를 한다. 자신의 철학적 행보를 설명하고 싶었던 푸코는 이를 수락한다. 그러나 첫 만남부터 본푸아는 푸코가 매우 조심스러워하던 관점으로 대담을 이끈다. 그것은 '양탄자의 뒷면'을 들추는 것, 곧 『광기의 역사』의 저자가 글쓰기와 맺고 있는 관계에 이르는 관심이다.[31] 이렇게 해서, 10여 회의 만

---

28 이후 푸코는 간헐적인 학회나 여행 등을 제외하고 기본적으로 늘 프랑스에 머문다. 본문의 '망명'이라는 표현은 물론 은유적인 것이다.

29 원주: Philippe Artières, "Des espèces d'échafaudage", *Le Revue des revues*, no.30, 2001.

30 이에 관련된 다양한 정황에 대해서는 다음을 참조하라. 허경, 『미셸 푸코의 『지식의 고고학』 읽기』, 40~46쪽.

31 『광기의 역사』가 쓰인 기본적 정황에 대한 정보는 다음을 참조하라. 허경, 『미셸 푸코의 『광기의 역사』 읽기』, 세창, 2018. 특히 1장 「들어가면서: 『광기의 역사』의 역사」

남을 통해 푸코는 이전에는 한 번도 하지 않았던 말, 곧 자신의 삶에 대한 말을 하게 되었다.[32] 자신에 대해 말하는 작가의 이 내밀한 말은 두 사람 사이에 있었던 말의 교환 방식에 관련된 일정한 변화, 원래는 전통적인 방식으로 이루어져야 했을 대담에 일정한 변형을 가져온다. 자신이 작업하는 방식을 검토하기 위해, **글쓰는 이**écrivant로서의 어려움에 대해 이야기하기 위해, 푸코는 이전에 시도하지 않았던 말투, 새로운 언어를 채용한다. 이런 체험의 말미에서, 푸코는 이런 변형을 통해, 어떤 '서정적 독백'도 아니고 대화도 아닌, 하나의 담론 유형을 발명하게 된 것이 행복하다고 말한다.

이후, 70년대 초에 잡지 『라르크』L'Arc는 들뢰즈에 대한 특집호를 내고 싶어 했고, [이를 수락한] 질 들뢰즈는 미셸 푸코에게 토론을 제안한다. 이는 — 네덜란드 TV 프로그램이 주최했고, 진정한 토론에 이르지 못한 채 사실상 각기 평행을 달리는 두 사상가의 독백으로 그쳤던 — 촘스키와의 논쟁을 제외한다면,[33] 푸

(9~50쪽)를 보라.

32 푸코는 개인적·학문적인 이유로, 공적 대담에서 자신의 삶에 대한 이야기를 하는 것을 몹시 꺼렸다.

33 촘스키(Noam Chomsky, 1928~)와 푸코는 1971년 11월 생중계된 토론 '인간의 본성: 정의 대 권력'(Human Nature: Justice versus Power)을 벌였다. 토론의 내용은 여타 관련 자료들과 함께 다음과 같이 출간되었다. 놈 촘스키·미셸 푸코, 『촘스키와 푸코, 인간의 본성을 말하다』, 이종인 옮김, 시대의창, 2015. 유튜브에서도 쉽게 영상을 찾을 수 있다.

코가 동시대의 철학자와 토론한 유일한 사례다. 이 토론의 흥미
로운 점은 이것이 사유의 진정한 수행이라는 점에 있다. 들뢰즈
와 푸코는, 소리 높여, 어떤 텍스트 또는 그림이 아니라, 감옥에
관한 정보그룹 또는 여타의 모임에서 서로가 인식하게 된 체험
에 대해 생각한다. 푸코와 들뢰즈는 공적 영역에 대한 개입에 입
각해 자신의 작업을 규정할 수도 있었을 것이다. 그 대신, 푸코와
들뢰즈는 자신들의 체험으로부터 이론과 실천 사이의 새로운 관
계를 함께 정의한다. 푸코와 들뢰즈의 토론은 단순한 관점의 충
돌이 아닌, 지금 일어나고 있는 일에 대한 진단을 생산한다. 대담
은 이곳에서 새로운 개념의 생산 능력을 갖춘 대화로 변신한다.[34]

몇 년 후, 푸코는 — 마치 『모리악과 아들들』에서 보이는 클
로드 모리악의 관계처럼[35] — 이제까지 시도된 바 없었던 전혀 새
로운 형식의 대담, 플라톤의 대화편과도 닮아 있는 새로운 대담
을 시험한다. 그러나 이 일련의 대담은 티에리 뵐첼의 이름 아

---

34 1972년 3월 4일 행해진 푸코와 들뢰즈의 대담은 다음을 참조하라. "Les Intellectuels et
le Pouvoir", *L'Arc*, no.49, 1972, pp.3~10; DEQ, vol.1, pp.1174~1183; 미셸 푸코·두초
트롬바도리, 「지식인과 권력: 푸코와 들뢰즈의 대화」, 『푸코의 맑스: 미셸 푸코, 둣치오
뜨롬바도리와의 대담』, 이승철 옮김, 갈무리, 2004, 187~207쪽.

35 『모리악과 아들들』은 클로드 모리악의 일기 『움직이지 않는 시간』의 제9권이다. *Le
Temps immobile 9(Mauriac et fils)*, Grasset, 1986; Le Livre de Poche, 1992. 9권은 1970년
대 초의 시기에 해당되는데, 앞서 언급된 1971년의 주베르 사건과 관련하여 푸코가 등
장한다.

래, 그리고 클로드 모리악의 서문 아래, 1978년에 출간된다.[36] 푸코의 이름은 빠져 있는데, 푸코는 녹음이 이루어지던 1976년 당시 20살의 청년이었던 티에리 뵐첼의 개인적 경험에 대해 질문하는 바로 그 사람이다. 매우 내밀한 일련의 질문을 통해, 푸코는 이 동성애자 청년과—그의 과거, 그의 [정치적] 참여, 그의 섹슈얼리티에 관련된—대화를 나눈다. 따라서 이곳에서 푸코는 자신을 이끌어 주는 장치를 청년에게 되돌린 것이다. 그리고 푸코는 '아주 큰 자유를' 드러내 주는 이 경험에 감탄할 만큼 열정적으로 몰입한다.

의심의 여지 없이, 이러한 익명성의 경험은 푸코가 1980년 2월 『르 몽드』 신문기자 크리스티앙 들라캉파뉴Christian Delacampagne의 대담 요청을 받아들이면서,[37] 그 조건으로 자신의 이름을 익명으로 남겨 달라고 했던 선택과 관련이 있을 것이다. 다니엘 드페르는 1980년 4월 6일자에 실린 이 대담에 등장하는 익명의 철학자의 정체가 [1984년 6월] 푸코가 사망할 때까지 비밀로 유지되

---

36 원주: Thierry Voetzel(pref. Claude Mauriac), *Vingt ans et après*, coll. Enjeux, Paris: Grasset, 1978. [티에리 뵐첼과 미셸 푸코의 대담 녹음을 풀어 쓴 『스무 살 그리고 그 후』는 익명으로 남고 싶다는 푸코의 요청에 따라 티에르 뵐첼의 이름 아래 1978년 출간되었다. 2014년 다음처럼 증보판이 출간되었다. Thierry Voeltzel, *Vingt ans et après suivi de Letzlove, l'anagramme d'une rencontre*, coll. Verticales, Paris: Gallimard, 2014.]

37 원문에는 2월로 되어 있으나, 푸코가 대담 요청을 받아들인 시기는 1월이다.

었음을 지적한다. 명성의 효과를 무력화하는 이러한 행위를 통해, 푸코는 관념의 투쟁을 위한 보다 나은 장소를 만들어 내기 위해 미디어의 작용으로부터 스스로를 해방시키고 싶었던 것이다. 푸코는 사실 저자의 이름에 의한 자기 사유의 함몰, 그리고 이러한 상황이 만들어 내는 불가능성에 반기를 든 것이다. 푸코 자신이 여러 번 말하고 있듯이, 푸코는 더 이상 얼굴을 갖지 않기 위해 쓴다. 그런데, 70년대 말에 푸코는, 정치적 개입만큼이나 콜레주 드 프랑스의 강의에서도, 이러한 목표는 불가능한 것이 되었다고 확언한다. 그의 모습은 '사유의 거장'의 그것이 되었던 것이다. 푸코는 이제 자신이 예전에 맞서 싸우던 무엇인가의 먹이가 되었다. 익명과 가명의 사용은 푸코가 이러한 유명세에 대응하는 여러 방식 중 하나다. 이렇게 해서, [1979년 말] 잡지 『에스프리』 *Esprit*가 특집호 '감옥을 둘러싼 투쟁'Luttes autour des prisons을 위해 마련한 자유 토론[38]에서도 푸코는―19세기 감옥의 [수형 조건 개선을 위해 힘쓴] 박애운동가이며, 이를 위해 1836년 프랑스의 교도소 일주를 감행한 작가의 이름을 따―'아페르'라는 가명을 사용한다.[39] 프랑스를 떠나고 싶어 했던 푸코의 욕망 역시 같은 사실

---

38 원주: "Luttes autour des prisons", *Toujours les prisons*(*Esprit*, no.35), november 1979, p.102~111; op. cit., DEQ, vol.2, text no.273, pp.806~818.
39 푸코가 사용한 가명은 19세기 프랑스의 감옥 개혁가 뱅자맹 니콜라 마리 아페르

에 기반하고 있다. 모든 것은 따라서 마치 푸코가 이 가명의 대담
을 통해 아무도 손대지 않은 말과도 같은 무엇인가, 곧 푸코가 이
미 12년 전 클로드 본푸아와 함께 실험했던 이러한 강렬함을 되
찾고 싶어 했던 것처럼 일어났다.

이는 의심의 여지 없이, 이 철학자와 비평가가 대화를 나누
었을 때, 그들 사이에서 이전에 한 번도 존재한 적이 없는 무엇
인가가 발화되었기 때문이다. 일어난 사건은 유일무이한 일이다.
푸코는 스스로 자신을 위험 속에 가져다 놓았다.

2011년 여름, 로마에서

필립 아르티에르

(Benjamin Nicolas Marie Appert, 1797~1847)로부터 온 것이다. 아페르는 감옥에 대한 정
확한 실태조사를 위해 당시 프랑스의 거의 모든 주요 교도소를 방문했다.

• 미셸 푸코, 철학의 자유 •

마네의 회화 마리본 세종 엮음 | 오트르망 옮김
푸코가 보기에 마네는 재현과 유희를 벌이면서 재현의 조건들을 자신의 그림 안에 드러낸 화가
다. 푸코의 마네론과 더불어 수록된 여러 철학자의 글을 통해 우리는 푸코의 마네론이 미학사에
서 어떤 위상을 점하고 있는지, 푸코 사유와 회화의 관계는 무엇이었는지 이해할 수 있다.

미셸 푸코, 1926~1984 디디에 에리봉 지음 | 박정자 옮김
20세기 문제적 철학자 푸코에 대한 가장 내밀하고 충실한 평전. 저널리스트 디디에 에리봉이 푸
코의 가족부터 친구나 동료들, 지적 스승들, 학계에서 그의 적수라 불릴 만한 모든 인물을 인터
뷰하고, 그가 썼던 모든 글들을 파헤쳐 인간 '푸코'의 다양한 면모를 입체적으로 드러낸다.

미셸 푸코, 철학의 자유 존 라이크먼 지음 | 심세광 옮김
푸코에 관한 가장 탁월한 시론. 푸코의 회의주의적 자유와 그가 어떻게 근대의 '독단적 통일성'
을 해체하려 했는지를 설명한다. 푸코 철학의 정치적 중요성과 광기, 질병, 감옥, 성을 다룬 푸코
의 역사에서 새로운 사유를 끌어낸다.

푸코 질 들뢰즈 지음 | 허경 옮김
들뢰즈가 푸코의 광범위한 저작들을 검토하며 본격적으로 푸코를 다룬다. 푸코의 철학적 토대
와 주요 주제인 지식, 형벌, 권력 및 주체의 성격을 살펴보면서, 푸코 연구에 대한 결정적이고 생
산적인 분석을 제시한다.

푸코와 장애의 통치 셸리 트레마인 엮음 | 박정수·임송이 옮김
'정신지체', '손상', '결함' 등을 가졌다고 간주된 이들을 둘러싼 정치, 법률, 제도, 담론을 푸코의
개념과 사유로 분석한다. 임상의학, 광기, 정신분열증, 교육학, 감옥에 대한 푸코의 역사적 연구
와 지금 우리 사회에서 일어나는 배제와 통합의 실천들을 서로 관련지음으로써 푸코의 텍스트
와 사유가 지닌 현재적 가치를 조명한다.

푸코의 예술철학: 모더니티의 계보학 조지프 J. 탠키 지음 | 서민아 옮김
푸코는 역사적 특수성이라는 관점에서 예술을 사고하고 분석한다. 푸코의 사유를 바탕으로 각
각의 예술 작품이 새로운 존재 형태를 빚어 가는 과정, 작품이 그 출현에 영향을 미치는 현장에
응답하고 그 현장을 변화시키는 과정을 탐구한다.

현자와 목자: 푸코와 파레시아 나카야마 겐 지음 | 전혜리 옮김
미셸 푸코 만년의 연구는 그 기획의 방대함과 이른 죽음에 따른 저작화의 미완으로 일종의 미로
로서 남겨졌다. 이 책은 그런 푸코 후기 작업을 계승하여, 푸코가 섭렵했던 문헌들 속에서 부유
하는 '말과 글'들을 재배열하고 조직화해 하나의 완성된 작업물로 엮은 결과물이다.

상당한 위험: 글쓰기에 대하여

초판1쇄 펴냄 2021년 5월 20일

지은이 미셸 푸코
옮긴이 허경
펴낸이 유재건
펴낸곳 그린비
주소 서울시 마포구 와우산로 180, 4층
대표전화 02-702-2717 | **팩스** 02-703-0272
홈페이지 www.greenbee.co.kr
원고투고 및 문의 editor@greenbee.co.kr

주간 임유진 | **편집** 홍민기, 신효섭, 구세주, 송예진 | **디자인** 권희원 | **마케팅** 유하나
물류유통 유재영, 한동훈 | **경영관리** 유수진

學問思辨行 독자의 학문사변행을 돕는 든든한 가이드

그린비 철학, 예술, 고전, 인문교양 브랜드
엑스북스 책읽기, 글쓰기에 대한 거의 모든 것
곰세마리 책으로 통하는 세대공감, 가족이 함께 읽는 책